GUÍA DE ESTUDIO DE

CIUDADANÍA

ESTADOUNIDENSE

Una guía completa que equipa a los inmigrantes con el conocimiento, las herramientas y la confianza para navegar el proceso de naturalización, tomar el examen de ciudadanía y adoptar su nuevo estado de ciudadanía

THEODORE WRIGHT

TABLA DE CONTENIDOS

Introducción a la prueba de naturalización/ciudadanía estadouniden: 1

Convertirse en un ciudadano de los EE.UU. es un paso trascendental y que cambia la vida que muchas personas aspiran a tomar. El proceso de naturalización, que incluye la prueba de ciudadanía estadounidense, está diseñado para garantizar que quienes buscan la ciudadanía posean una comprensión fundamental de la historia, el gobierno y las responsabilidades cívicas de la nación. Esta guía integral tiene como objetivo desmitificar el proceso y facilitar la navegación del viaje para convertirse en un ciudadano estadounidense.

Visión general del proceso de prueba y naturalización

Embarcarse en el viaje para obtener la ciudadanía estadounidense a través de la naturalización es un esfuerzo significativo, que abarca un proceso detallado gestionado por el USCIS. La duración de procesamiento prevista generalmente varía de 18 a 24 meses, aunque puede variar dependiendo de factores como la ubicación del solicitante, la carga de trabajo de USCIS y la precisión de la presentación de la solicitud.

1. Investigación y evaluación de elegibilidad

El viaje a la ciudadanía estadounidense comienza con una investigación realizada por el USCIS. El objetivo principal de esta fase es evaluar la elegibilidad de una persona para la naturalización. Varios factores contribuyen a esta evaluación:

- **Residencia permanente legal (tarjeta verde):** Para ser elegible para la naturalización, se requiere una tarjeta verde, también conocida como residencia permanente legal. Esto permite que un solicitante cumpla con los requisitos. Los titulares de tarjetas verdes tienen permiso para vivir y trabajar en los Estados Unidos indefinidamente.

- **Residencia continua:** La residencia continua es un criterio crucial, que requiere que los solicitantes mantengan un hogar permanente en los Estados Unidos. Por lo general, se permiten viajes breves al extranjero, pero las ausencias prolongadas pueden afectar la elegibilidad del solicitante.

- **Presencia física:** Para cumplir con los requisitos para la naturalización, el solicitante debe asegurarse de haber estado físicamente presente en los Estados Unidos durante al menos 30 meses, o 913 días, dentro del período requerido de residencia continua, incluyendo los días de salida y retorno a EE.UU.

- **Buen carácter moral:** Se espera que los solicitantes demuestren un buen carácter moral, cumpliendo con las leyes estadounidenses y mostrando comportamiento ético. Las condenas penales, la evasión fiscal y otros factores pueden influir en la evaluación del carácter moral de una persona.

2. Presentación de la solicitud

Una vez que se complete la fase de investigación, las personas elegibles pueden proceder al siguiente paso presentando el Formulario N-400, la Solicitud de Naturalización. Este formulario sirve como un documento completo, recogiendo información esencial sobre los antecedentes del solicitante, residencia y otros detalles pertinentes. Es crucial completar este formulario con precisión y veracidad, ya que cualquier discrepancia puede afectar el proceso de naturalización.

3. Cita biométrica

Después de presentar la solicitud, se solicita a los solicitantes asistir a una cita de biometría. Durante esta sesión, se toman huellas dactilares con fines de identificación y seguridad. La biometría juega un papel vital en la verificación de la identidad del solicitante y en asegurar la exactitud de la información proporcionada en la solicitud.

4. Entrevista y Prueba Cívica

El núcleo del proceso de naturalización se encuentra en la entrevista, durante la cual un oficial de USCIS revisa la solicitud N-400 con el solicitante. Esta entrevista tiene múltiples propósitos:

- **Examen de dominio del idioma inglés:** El oficial evalúa la capacidad del solicitante para hablar, leer y escribir en inglés. La comunicación efectiva en inglés es un aspecto fundamental para convertirse en ciudadano estadounidense, y la entrevista ofrece una oportunidad para evaluar este dominio.

- **Prueba cívica:** La comprensión del solicitante de la historia y la gobernanza de los Estados Unidos se evalúa a través de la prueba cívica. Consiste en cuestiones relacionadas con la Constitución, la Carta de Derechos, los poderes del gobierno y otros temas cívicos esenciales. Los solicitantes deben responder un número determinado de preguntas correctamente para demostrar su comprensión.

5. **Examen de Aptitud del Idioma Inglés**

Además de la evaluación del idioma inglés durante la entrevista, existe una prueba independiente de dominio del idioma inglés. Esta prueba asegura que los solicitantes posean las habilidades lingüísticas necesarias para comunicarse eficazmente en inglés, un requisito crucial para la participación activa en la sociedad estadounidense.

6. **Juramento de lealtad**

Al completar con éxito la entrevista y las pruebas, los solicitantes elegibles proceden a una ceremonia de naturalización. Como parte de esta solemne ceremonia, los futuros ciudadanos de los Estados Unidos juran el Juramento de Lealtad, afirmando su devoción a los principios e ideales fundacionales de los Estados Unidos. Este acto marca oficialmente la posición del individuo como ciudadano de los EE.UU., simbolizando la culminación del proceso de naturalización.

Elegibilidad y requisitos para solicitar

Convertirse en ciudadano estadounidense a través del proceso de naturalización requiere cumplir con criterios de elegibilidad específicos, particularmente relacionados con la residencia y el carácter moral. Es esencial comprender estos requisitos para navegar exitosamente el camino hacia la ciudadanía estadounidense.

1. Requisito de edad

Uno de los criterios fundamentales de elegibilidad para la naturalización en los Estados Unidos es la edad. Los solicitantes deben tener al menos 18 años de edad al momento de presentar el Formulario N-400, la Solicitud de Naturalización. Este requisito asegura que las personas que solicitan la ciudadanía hayan alcanzado la mayoría de edad y sean legalmente capaces de tomar decisiones independientes.

2. Residencia Permanente Legal (Tarjeta Verde)

Poseer residencia permanente legal, comúnmente conocida como tarjeta verde, es una piedra angular de la elegibilidad para la naturalización. Los titulares de la tarjeta verde son personas a las que se les ha concedido el derecho a vivir y trabajar en los Estados Unidos de forma permanente. El requisito general es que un solicitante debe haber tenido una tarjeta verde durante un período continuo de cinco años. Sin embargo, existe una excepción para los cónyuges de ciudadanos estadounidenses, que pueden ser elegibles después de tres años de residencia permanente si se cumplen ciertos criterios.

3. Residencia continua

La residencia continua es un componente crítico de la elegibilidad y se refiere a la capacidad del solicitante para mantener un hogar permanente en los Estados Unidos. Este requisito confirma que las personas que buscan la ciudadanía tengan una conexión sostenida con el país. Si bien generalmente se permiten viajes breves al extranjero, las ausencias prolongadas pueden interrumpir el requisito de residencia continua y afectar la elegibilidad del solicitante.

4. Presencia física

Además de la residencia continua, se requiere presencia física dentro de los Estados Unidos. Esto significa que los solicitantes deben haber pasado una cantidad específica de tiempo dentro del país durante el período de calificación. El objetivo es demostrar un compromiso de ser parte activa de la comunidad estadounidense y participar en la vida diaria de la nación.

5. Buen carácter moral

Uno de los requisitos más fundamentales para la naturalización en los Estados Unidos es la demostración de un carácter moral integro. Esto incluye respetar las leyes de los Estados Unidos y cumplir con las obligaciones fiscales, mientras se evita involucrarse en acciones ilegales. USCIS puede considerar una serie de factores al evaluar el carácter moral de un solicitante, incluyendo arrestos, condenas y comportamiento general. Este requisito destaca la importancia de la conducta ética en el proceso de naturalización.

6. Dominio del idioma inglés

La capacidad de hablar, leer y escribir en inglés es un componente crucial de la naturalización estadounidense. Durante la entrevista, un oficial de USCIS evalúa el dominio del idioma inglés del solicitante. La comunicación efectiva en inglés es fundamental para la participación activa en la sociedad estadounidense, y este requisito asegura que los nuevos ciudadanos puedan interactuar de manera significativa con sus comunidades.

7. Conocimiento cívico

Los solicitantes deben demostrar conocimiento del gobierno de los Estados Unidos y la historia a través de la prueba de educación cívica. Esta prueba es una parte integral del proceso de naturalización y abarca temas esenciales como la Constitución, la Declaración de Derechos y las funciones de los poderes públicos. Lograr de una puntuación satisfactoria en el examen cívico es necesaria para cumplir con el criterio de conocimiento cívico.

8. Adhesión a la Constitución

Se espera que los solicitantes declaren su compromiso con los valores y principios descritos en la Constitución de los Estados Unidos. Además, están obligados a declarar que están dispuestos a defender los Estados Unidos con armas o a servir en las Fuerzas Armadas en una capacidad que no incluye el combate. Este requisito subraya el compromiso esperado de aquellos que buscan la ciudadanía estadounidense.

9. Juramento de lealtad

Uno de los pasos finales en el proceso de naturalización es el Juramento de Lealtad. Durante la ceremonia de naturalización, los solicitantes pronuncian este juramento solemne, comprometiéndose a la lealtad hacia los EE.UU. y renunciando a cualquier lealtad a países extranjeros. El Juramento de Lealtad es un momento simbólico y emocionante que marca la culminación del viaje de naturalización.

Excepciones para personas con discapacidad

Reconociendo las diversas necesidades de los solicitantes, USCIS ha implementado excepciones y adaptaciones para las personas con discapacidades. Estas excepciones buscan garantizar que el proceso de naturalización sea accesible para todos, independientemente de los desafíos físicos o de desarrollo.

- **Alojamiento durante la entrevista y las pruebas:** Las personas con discapacidad pueden solicitar adaptaciones durante la entrevista de naturalización y las pruebas. Estas adaptaciones pueden incluir preguntas modificadas del examen, tiempo adicional o el uso de dispositivos de asistencia. El objetivo es facilitar un entorno inclusivo que permita a las personas con discapacidades demostrar su elegibilidad para la ciudadanía estadounidense de manera efectiva.
- **Exención del examen de dominio del idioma inglés y educación cívica:** En algunos casos, las personas con discapacidades pueden ser elegibles para una exención de los requisitos de dominio del idioma inglés y examen cívico. Esta exención reconoce que ciertas condiciones médicas pueden limitar la capacidad de una persona para satisfacer estos requisitos específicos. Sin embargo, la exención no es automática y requiere una solicitud formal, respaldada por la documentación apropiada de un profesional médico.

Excepciones para personas mayores

Las personas mayores, específicamente aquellas de 50 años o más al momento de presentar la solicitud de naturalización y que hayan sido residentes permanentes legales durante al menos 20 años, o las personas de 55 años o más con al menos 15 años de residencia permanente legal, pueden ser elegibles para ciertas excepciones.

- **Exención del examen de dominio del idioma inglés:** La prueba de competencia en inglés puede ser eximida para los solicitantes mayores que cumplen con el requisito de edad y los requisitos de residencia. Esto reconoce que la adquisición de un nuevo idioma puede ser más desafiante con la edad, y la exención permite a las personas mayores demostrar su conocimiento cívico sin la barrera adicional del idioma.
- **Prueba de Cívica en Lengua Nativa:** Aunque la expectativa general es que el examen cívico se realice en inglés, las personas mayores que cumplan con los criterios de edad y residencia tienen la opción de tomar el examen cívico en su idioma nativo. Esta excepción reconoce la diversidad cultural y lingüística de los solicitantes mayores.

Estamos dedicados a la creación de productos de alta calidad y nos esforzamos por garantizar la máxima satisfacción del cliente. Agradeceríamos enormemente si pudieras contribuir a nuestro crecimiento.

*Una vez que hayas terminado de leer el libro, **tu reseña sería extraordinariamente valiosa para nosotros**.*

¡Gracias de todo corazón!

Dominar el examen de inglés: Una estrat integral

2

Dominar el examen de inglés es un paso fundamental para las personas que aspiran a convertirse en ciudadanos estadounidenses. Este segmento evalúa el dominio básico de la escritura, la lectura y el habla en inglés. Es esencial tener en cuenta que esta no es una prueba profesional de inglés, y los solicitantes no necesitan tener un dominio impecable del idioma o un acento americano para ser considerados elegibles. Este capítulo profundiza en los tres componentes del examen de inglés: hablar, leer y escribir.

Prueba de habla: Detalles del proceso

El examen de habla está diseñado para evaluar la comprensión del solicitante del idioma inglés. Un oficial de USCIS involucra al solicitante en una conversación, planteando una serie de preguntas. La capacidad de hablar del solicitante se mide en función de la precisión de la gramática y el contenido en sus respuestas.

Procedimiento:

- El oficial de USCIS formula preguntas asegurando que sean claras y sencillas.
- Si el solicitante tiene dificultades para comprender una pregunta, el oficial puede repetirla o reformularla para facilitar la comprensión.
- En caso de persistir la dificultad para responder, el funcionario evalúa que el solicitante podría no dominar completamente el idioma inglés.

Criterios de aprobación:

- El solicitante logra éxito si demuestra comprensión de las preguntas y proporciona respuestas satisfactorias.

- En caso de respuestas insatisfactorias, el solicitante no supera esta parte, pero sigue siendo elegible para las secciones restantes de la prueba.

Prueba de lectura: Detalles del proceso

El examen de lectura está diseñado para evaluar la capacidad del solicitante para leer frases escritas en inglés. El candidato se presenta con un máximo de tres frases y debe leer con precisión al menos una de ellas. El enfoque principal es la transmisión del significado, admitiendo errores leves en la pronunciación.

Criterios para el fracaso:

- El solicitante fracasa la prueba si no puede leer correctamente al menos una frase.
- Los errores graves de pronunciación que conducen a un cambio significativo en el significado de la oración resultan en fracaso.
- Las pausas prolongadas entre palabras o la omisión de palabras que alteran el significado de la oración conducen al fracaso.

Lista de Vocabulario

1. ***People* (Personajes):** *Abraham Lincoln, George Washington*

2. ***Civics* (Civismo):** *American flag* (bandera americana), *Bill of Rights* (Declaración de Derechos), *capital* (capital), *citizen* (ciudadano), *city* (ciudad), *Congress* (Congreso), *country* (país), *Father of Our Country* (padre de la nación), *government* (gobierno), *President* (presidente), *right* (derecho), *Senators* (senadores), *state/states* (estado/estados), *White House* (Casa Blanca).

3. ***Places* (Lugares):** *America* (América), *United States* (Estados Unidos), *US* (EE.UU.)

4. ***Holidays* (Vacaciones):** *Presidents' Day* (Día de los Presidentes), *Memorial Day* (Día de los Caídos), *Flag Day* (Día de la Bandera), *Independence Day* (Día de la Independencia), *Labor Day* (Día del Trabajo), *Columbus Day* (día de Colón), *Thanksgiving* (Acción de Gracias).

5. ***Question Words* (Palabras de pregunta):** *How* (cómo), *What* (qué), *When* (cuándo), *Where* (dónde), *Who* (quién), *Why* (por qué).

6. ***Verbs* (Verbos):** *can* (puede), *come* (venir), *do/does* (hacer/hacer), *elects* (elegir), *have/has* (tener/tiene), *is/are/was/be* (es/es/fue/ser), *lives/lived* (vive/vivió), *meet* (conoce), *name* (nombre), *pay* (paga), *vote* (vota), *want* (quiere).

7. ***Other* (Otro):** *a* (a), *for* (para), *here* (aquí), *in* (en), *of* (de), *on* (en), *the* (el), *to we* (a nosotros).

8. **Other (Otro):** *colors* (colores), *dollar bill* (billete de dólar), *first* (primero), *largest* (más grande), *many* (muchos), *most* (la mayoría), *north* (norte), *south* (sur), *one* (uno), *people* (gente), *second* (segundo).

Prueba de escritura: Detalles del proceso

Similar a la prueba de lectura, la prueba de escritura evalúa la capacidad del solicitante para transmitir significado en inglés escrito. El oficial de USCIS dicta oralmente una sentencia, y el solicitante debe escribirla de forma comprensible para el oficial. El énfasis está en la comprensión básica en lugar de la competencia profesional en gramática, puntuación u ortografía.

Criterios de aprobación:

- La prueba concluye cuando el solicitante escribe con éxito una frase comprensible para el oficial.
- Los errores permitidos incluyen errores gramaticales, de puntuación o ortográficos que no comprometen el significado de la oración.
- La omisión de palabras no esenciales o el uso de dígitos en lugar de números escritos es aceptable.

Criterios de fracaso:

- El fracaso ocurre cuando el solicitante no puede transmitir el significado deseado en su oración escrita.
- La alteración completa de la oración o el uso incorrecto de palabras, el uso de formas cortas o la construcción de una oración que carece de coherencia resulta en fracaso.

Lista de Vocabulario

1. **Personas:** *Adams; Lincoln, Washington*

2. ***Civics* (Civismo):** *American Indians* (Indios americanos), *capital* (capital), *citizens* (ciudadanos), *civil war* (guerra civil), *congress* (congreso), *Father of Our Country* (padre de la nación), *flag* (bandera), *free* (libertad), *freedom of speech* (libertad de expresión), *President* (Presidente), *right* (derecho), *Senators* (senadores), *state/states* (estado/estados), *White House* (Casa Blanca).

3. ***Places* (Lugares):** *Alaska, California, Canada, Delaware, México, New York, United States, Washington, Washington D.C.*

4. **Months (Meses):** *February* (febrero), *May* (mayo), *June* (junio), *July* (julio), *September* (septiembre), *October* (octubre), *November* (noviembre).

5. **Holidays (Vacaciones):** *Presidents' Day* (Día de los Presidentes), *Memorial Day* (Día de los Caídos), *Flag Day* (Día de la Bandera), *Independence Day* (Día de la Independencia), *Labor Day* (Día del Trabajo), *Columbus Day* (Día de Colón), *Thanksgiving* (Acción de Gracias).

6. **Verbs (Verbos):** *Can* (puede), *come* (venir), *elect* (elegir), *have/has* (tener/ha), *is/was/be* (es/fue/ser), *lives/lived* (vive/vivió), *meets* (se reúne), *pay* (paga), *vote* (vota), *want* (quiere).

7. **Other (Otro):** *And* (y), *during* (durante), *for* (para), *here* (aquí), *in* (en), *of* (de), *on* (en), *the* (el), *to* (para), *we* (nosotros).

8. **Other (Otro):** *Blue* (azul), *dollar bill* (billete de dólar), *fifty/50* (cincuenta/50), *first* (primero), *largest* (más grande), most (la mayoría), *north* (norte), *one* (uno), *one hundred/100* (ciento/100), *people* (personas), *red* (rojo), *second* (segundo), *south* (sur), *taxes* (impuestos), *white* (blanco).

La Prueba Cívica Explicada - Estructura de la Prueba Cívica

3

En este exhaustivo capítulo, exploramos en profundidad la estructura de la Prueba Cívica, un componente fundamental del viaje hacia la ciudadanía estadounidense. Este capítulo se organiza estratégicamente en tres secciones principales, cada una centrándose en aspectos distintos de la gobernanza y la historia de Estados Unidos, así como en componentes cívicos esenciales.

Gobierno de los Estados Unidos

Estados Unidos, frecuentemente denominado 'la tierra de la libertad', es una nación construida sobre una base única de principios democráticos, un sistema de gobierno meticulosamente diseñado y un conjunto de derechos y responsabilidades que definen la relación entre los ciudadanos y el estado.

Principios de la Democracia Americana

- **Soberanía del pueblo**

El concepto de poder popular es el principio fundamental del gobierno democrático en los EE.UU., basado en la filosofía de la Ilustración y profundamente enraizado en la historia de la nación. La soberanía del pueblo afirma que la autoridad gubernamental última reside en el pueblo. Mediante el ejercicio de su derecho de voto, los ciudadanos tienen la capacidad de participar activamente en el proceso democrático, reflejando el concepto revolucionario de que la autoridad del gobierno proviene del consentimiento de los gobernados.

Las raíces históricas de la soberanía popular se remontan a pensadores clave de la Ilustración como John Locke, cuyas ideas influyeron significativamente en los fundadores de la Constitución de los Estados Unidos. La propia Constitución, con su énfasis en "Nosotros el pueblo", encapsula la esencia de la soberanía del pueblo, sirviendo como testimonio de los ideales democráticos que inspiraron la fundación de la nación.

Prácticamente, la soberanía del pueblo se manifiesta durante las elecciones, donde los ciudadanos ejercitan su derecho a votar para elegir a sus representantes. Esta participación constituye no solo un deber cívico sino un elemento crucial de la formulación de la dirección y las políticas del gobierno.

- **"Estado de derecho"**

Dentro del sistema jurídico, el concepto del "estado de derecho" es una premisa fundamental que enfatiza que nadie, incluidos los funcionarios gubernamentales, está por encima de la ley. Este principio asegura la existencia de un sistema jurídico justo y equitativo, donde las decisiones se basan en leyes y principios establecidos, y no de factores arbitrarios o discriminatorios.

Las raíces históricas del "estado de derecho" se remontan a la Carta Magna y se desarrollan aún más por pensadores como Montesquieu durante la Ilustración. Los Padres Fundadores incorporaron el "estado de derecho" en la Constitución de los Estados Unidos como salvaguardia contra la tiranía, estableciendo un marco legal que rige tanto el comportamiento de los ciudadanos como el de los funcionarios gubernamentales.

En la práctica, el "estado de derecho" sienta las bases para los derechos y libertades individuales, garantizando el debido proceso, la protección contra acciones injustas y el mantenimiento de la integridad del sistema jurídico. Es un pilar de la democracia estadounidense, contribuyendo a la reputación de la nación por defender la justicia y los derechos de sus ciudadanos.

- **Derechos individuales**

A través de la Carta de Derechos y las enmiendas subsiguientes a la Constitución, la preservación de las libertades individuales destaca como una característica distintiva del sistema democrático estadounidense. Estos derechos cubren un amplio espectro de libertades, incluida la libertad de expresión, religión y reunión, asegurando que las personas tengan la autonomía para expresarse y participar activamente en la vida cívica.

Las raíces históricas de los derechos individuales se remontan a las luchas de los colonos estadounidenses contra el dominio británico. Las quejas expresadas en documentos como la Declaración de Independencia subrayan la importancia de proteger las libertades individuales. La Carta de Derechos, añadida a la Constitución poco después de su ratificación, fue una respuesta a la necesidad de proteger explícitamente estos derechos fundamentales.

Prácticamente, los derechos individuales proporcionan a los ciudadanos las herramientas para desafiar al gobierno, expresar su disidencia y contribuir al diverso panorama de la sociedad estadounidense. Estos derechos no son estáticos; se adaptan y evolucionan para enfrentar los desafíos contemporáneos y las normas sociales en cambio.

- **Pesos y contrapesos**

El concepto de pesos y contrapesos constituye un mecanismo complejo integrado en la estructura gubernamental de los Estados Unidos. Su propósito es prevenir la acumulación de poder en cualquier rama del gobierno. Este concepto reconoce el potencial de abusos de poder y busca distribuir la autoridad entre los poderes legislativo, ejecutivo y judicial, creando un sistema de supervisión recíproca.

Los orígenes intelectuales de los controles y equilibrios se pueden rastrear hasta pensadores de la Ilustración como Montesquieu, cuyas ideas influyeron enormemente en los redactores de la Constitución de los Estados Unidos. La implementación en la Constitución de poderes separados y distintos refleja un esfuerzo deliberado por asegurar la rendición de cuentas y prevenir la aparición de tiranía.

En la práctica, el sistema de pesos y contrapesos requiere la cooperación y negociación entre las ramas. El poder legislativo tiene la tarea de crear las leyes, el poder ejecutivo de aplicarlas y el poder judicial de interpretarlas. Cada rama del gobierno posee la autoridad para supervisar y limitar las actividades de las otras ramas, estableciendo así un equilibrio dinámico que evita el mal uso del poder.

Sistema de gobierno

- **Federalismo**

El federalismo es una característica fundamental del sistema de gobierno de Estados Unidos, estableciendo la distribución del poder entre el gobierno nacional y los estados. Este sistema dual permite a los estados abordar las inquietudes locales mientras el gobierno federal supervisa asuntos de importancia nacional.

Las raíces históricas del federalismo se remontan a los compromisos alcanzados durante la Convención Constitucional. El concepto de federalismo surgió como una solución al desafío de encontrar un equilibrio entre la necesidad de una autoridad central fuerte y el deseo de mantener la independencia de los estados. La Décima Enmienda subraya la idea de un gobierno limitado reservando específicamente las responsabilidades que no han asignado al gobierno federal a los estados.

En la práctica, el federalismo se manifiesta en una amplia gama de políticas y leyes a lo largo del país. Los Estados tienen la autoridad de gestionar aspectos como la educación, el derecho penal y la salud pública, contribuyendo a un rico mosaico de paisajes legales y políticos. El equilibrio entre los poderes federal y estatal sigue siendo un aspecto dinámico de la gobernanza estadounidense, sujeto a debates e interpretaciones legales en curso.

- **Separación de poderes**

Los poderes legislativo, ejecutivo y judicial están establecidos por la Constitución de los EE.UU. como ramas independientes del gobierno, cada una con su propio conjunto de autoridades y responsabilidades. La división resultante de poderes ayuda a asegurar que ninguna rama del gobierno se convierta en demasiado dominante, lo cual a su vez ayuda a prevenir los abusos de autoridad y promover la rendición de cuentas.

Las raíces históricas de la separación de poderes se remontan a pensadores de la Ilustración como John Locke y Barón de Montesquieu. Los redactores de la Constitución fueron profundamente influenciados por estas ideas, buscando crear una estructura de gobierno que evitara la concentración del poder y protegiera contra posibles abusos.

Desde una perspectiva práctica, la separación de poderes garantiza que cada rama del gobierno opere de forma independiente, con deberes y obligaciones distintos, respectivamente. La creación de leyes es responsabilidad del Poder Legislativo, que opera a través del Congreso. Corresponde al poder ejecutivo, liderado por el presidente, asegurar la aplicación de las leyes. En cuanto a la interpretación de las leyes, la responsabilidad recae en el poder judicial, encabezado por los tribunales federales. Esta distribución de poderes fomenta un sistema donde cada rama puede actuar como un control sobre los demás, promoviendo un gobierno equilibrado y responsable.

- **Gobernanza democrática**

Estados Unidos emplea una forma de gobierno de democracia representativa. En este sistema, los individuos eligen representantes para tomar decisiones en su nombre. La implementación de este concepto asegura que el gobierno permanezca atento a la voluntad del pueblo, reflejando el principio fundacional de que el gobierno obtiene su legitimidad del consentimiento de los gobernados.

Las raíces históricas de la gobernanza democrática se remontan a la redacción de la Constitución de los Estados Unidos, donde los redactores buscaron establecer un gobierno que reflejara los ideales democráticos originados en la Revolución Americana. Las disposiciones de la Constitución relacionadas con las elecciones periódicas, la separación de poderes y los derechos individuales contribuyen colectivamente a un sistema que valora e incorpora principios democráticos.

En la práctica, la gobernanza democrática implica el proceso electoral, los partidos políticos y la participación cívica. Los ciudadanos tienen la oportunidad de participar en el proceso democrático a través del voto, la postulación a cargos públicos y la participación en movimientos de base. Esta participación activa no es solo un derecho, sino también una responsabilidad, reforzando la naturaleza recíproca de la relación entre el gobierno y sus ciudadanos.

Derechos y responsabilidades de los ciudadanos estadounidenses

Derechos de los ciudadanos estadounidenses

- **Libertad de Expresión:** Protegida por la Primera Enmienda, permite a las personas expresar libremente sus pensamientos, ideas y creencias sin temor a censura.
- **Libertad de Religión:** También protegida por la Primera Enmienda, asegura que las personas puedan seguir sus creencias religiosas o elegir no adherirse a ninguna.
- **Derecho a Portar armas:** La Segunda Enmienda otorga a los ciudadanos el derecho a portar armas, consideraciones históricas y constitucionales sobre la autodefensa y la seguridad.
- **Derecho a un Juicio justo:** La Constitución garantiza un juicio justo y rápido, enfatizando las debidas garantías procesales y protección contra procedimientos judiciales injustos.
- **Derecho al Voto:** Fundamental en una ciudadanía democrática, ofrece a las personas un medio directo para influir en las políticas y la representación gubernamentales.

Responsabilidades de los ciudadanos estadounidenses

- **Votar en Elecciones:** Esencial para el funcionamiento de una democracia representativa, votar es tanto un derecho como un deber cívico.
- **Sirviendo en Jurado:** Cuando se solicita, es obligatorio participar en el sistema judicial y asegurar la justicia de manera imparcial.
- **Respetar los Derechos de los Demás:** Fomentar una sociedad diversa e inclusiva donde las diferentes perspectivas coexistan armoniosamente.
- **Mantenerse Informado y Comprometido:** Es importante estar al tanto de las cuestiones políticas y gubernamentales para contribuir significativamente al discurso cívico.

Historia americana

Período colonial e independencia

Los fundamentos de la historia estadounidense están firmemente arraigados en el período colonial, un tiempo de exploración, asentamiento y la gradual forja de una identidad única. El emblemático viaje de Cristóbal Colón en 1492 desveló la existencia del continente americano al mundo, abriendo las puertas a un capítulo transformador en la historia global.

Antes de la colonización europea, los vastos y ricos paisajes de América acogían a diversas poblaciones nativas americanas, cada una con su propia cultura, idiomas y formas de vida. La llegada de los exploradores europeos desencadenó una compleja y en muchas ocasiones tumultuosa entre estas culturas preexistentes y los nuevos colonizadores.

Las 13 colonias, diseminadas a lo largo de la costa oriental, emergieron como epicentros de asentamiento europeo. Cada colonia, destacando por sus características únicas, jugó un papel crucial en el moldeamiento de la narrativa estadounidense. La lista de las 13 colonias se lee como una lista de los primeros arquitectos de la nación: Massachusetts, Pensilvania, Rhode Island, Nuevo Hampshire, Connecticut, Nueva York, Nueva Jersey, Virginia, Delaware, Carolina del Norte, Carolina del Sur, Georgia y Maryland.

Los colonos emprendieron esta aventura por diversas razones, desde la búsqueda de libertad religiosa hasta la esperanza de oportunidades económicas. El carácter distintivo de cada colonia fue forjado por sus principios fundacionales, sus actividades económicas y la amalgama de culturas que encontraron. Sin embargo, la armoniosa búsqueda de libertad se vio obstaculizada por las tensiones con la Corona británica. Los exorbitantes impuestos, una marcada falta de autogobierno y la imposición de soldados británicos en los hogares estadounidenses encendieron la mecha de la disidencia.

La explosión de estas tensiones se materializó en la adopción de la Declaración de Independencia el 4 de julio de 1776. Escrito principalmente por Thomas Jefferson, este documento revolucionario exponía las quejas de las colonias, reivindicaba sus derechos inherentes y anunciaba su intención de cortar los lazos con el dominio británico. La subsecuente Guerra Revolucionaria Americana puso a prueba la resiliencia de la naciente nación y finalmente culminó en la victoria, asegurando la independencia de Estados Unidos.

Creación y aprobación de la Constitución

Las secuelas de la Guerra Revolucionaria confrontaron a los nuevos estados independientes con desafíos de la gobernanza. Los Artículos de la Confederación, primer intento de una constitución nacional, revelaron insuficiencias que demandaron una reevaluación. La Convención Constitucional de 1787, en Filadelfia, fue un momento crítico en el que los Padres Fundadores se congregaron para redactar una constitución más firme y perdurable.

La Constitución de los Estados Unidos estableció las bases para el sistema federal, enfatizando un equilibrio entre el gobierno central y los estados individuales. Principios como la separación de poderes y los pesos y contrapesos se instauraron para prevenir la concentración de poder y proteger las libertades individuales. Los federalistas, liderados por figuras como James Madison y Alexander Hamilton, promovieron la Constitución como medio para establecer un gobierno central robusto y promover relaciones interestatales efectivas.

Los anti federalistas, por otro lado, expresaron su preocupación por el potencial autoritario de un gobierno central fuerte. Estas inquietudes condujeron a la inclusión de la Carta de Derechos, las primeras diez enmiendas que garantizan explícitamente las libertades individuales. La influencia de George Washington, tanto en el campo de batalla durante la Guerra Revolucionaria como en su papel de primer presidente, cimentó su estatus como "Padre de la nación" y figura clave en los primeros años de Estados Unidos.

Los años 1800

El siglo XIX marcó una era de expansión territorial, conflictos y la formación de una identidad estadounidense única. La Compra de Luisiana en 1803, impulsada por Thomas Jefferson, duplicó el tamaño de la nación y abrió nuevas fronteras para exploración y el asentamiento.

Este siglo también estuvo caracterizado por conflictos internos, destacando la Guerra Civil Americana (1861-1865), surgida de profundas divisiones, especialmente en torno a la esclavitud, enfrentando a los estados del Norte contra los del Sur. La Proclamación de Emancipación de Abraham Lincoln en 1863 fue un compromiso hacia la abolición de la esclavitud y un replanteamiento de los principios nacionales.

La Guerra Civil dejó una marca indeleble en los Estados Unidos, poniendo a prueba su fidelidad a los principios de la Constitución. La era de la Reconstrucción buscó reconstruir el Sur y abordar las secuelas de la esclavitud, marcando un período de significativa agitación social.

Historia Americana Reciente y Otra Información Histórica Importante

El siglo XX se caracterizó por desafíos globales y domésticos que consolidaron a Estados Unidos como una potencia mundial prominente. Las dos Guerras Mundiales confirmaron su papel crucial en el escenario internacional. Este siglo también presenció momentos clave en la lucha por lo derechos civiles, liderada por figuras como Martin Luther King Jr., resultando en legislaciones significativas como la Ley de Derechos Civiles de 1964 y la Ley de Derechos de Voto de 1965.

A medida que el siglo avanzaba, Estados Unidos enfrentó conflictos como la Guerra de Corea, la Guerra de Vietnam y la Guerra del Golfo. La Gran Depresión y el New Deal de Franklin D. Roosevelt redefinieron el papel del gobierno en la sociedad y la economía.

En el siglo XXI, los ataques del 11 de septiembre de 2001 transformaron la política exterior y la seguridad nacional, llevando a intervenciones en Afganistán e Irak. El activismo por los derechos civiles ganó nuevo impulso, con movimientos como *Black Lives Matter* luchando por la justicia racial y la igualdad. La elección de Barack Obama como primer presidente afroamericano en 2008 marcó un hito histórico, simbolizando tanto progreso como los desafíos continuos hacia una sociedad inclusiva.

Educación cívica integrada

Geografía

Estados Unidos, el tercer país más grande del mundo, ofrece un vasto y variado paisaje geográfico que juega un papel crucial en la identidad nacional. Comprender estas características geográficas es fundamental para aquellos que se preparan para el examen de USCIS.

Panorama general

Ubicado entre el Océano Atlántico al este y el Océano Pacífico al oeste, Estados Unidos se presenta como un país transcontinental. Limita al norte con Canadá y al sur con México, reflejando una posición estratégica que ha moldeado profundamente su historia, economía y cultura.

Extensas líneas costeras

Las amplias costas en ambos océanos brindan acceso a importantes vías marítimas y recursos naturales. Mientras la costa atlántica destaca por sus ciudades bulliciosas y lugares históricos, la costa pacífica es conocida por sus impresionantes paisajes y dinámicos centros urbanos.

Ríos principales

El país alberga algunos de los ríos más largos del mundo, contribuyendo al desarrollo económico y a la diversidad ecológica. Entre ellos, el río Missouri atraviesa el corazón del país, y el río Mississippi juega un papel central en la historia y el comercio de Estados Unidos.

Variada topografía y clima

La enorme extensión territorial de Estados Unidos propicia una topografía y un clima diversificados, desde las Montañas Apalaches hasta las Montañas Rocosas, incluyendo llanuras, mesetas, desiertos y bosques. Esta diversidad afecta las culturas regionales y sostiene una amplia gama de ecosistemas e industrias.

Capital y puntos de referencia significativos

Aunque cada estado tiene su propia capital, la capital federal es Washington, D.C., corazón del gobierno federal y hogar de instituciones clave como la Casa Blanca, el Capitolio y la Corte Suprema. Washington, D.C. simboliza la gobernanza democrática y la unidad nacional.

La Estatua de la Libertad, obsequio de Francia en 1886 y situada en Liberty Island, Nueva York, emerge como un poderoso símbolo de libertad y democracia, acogiendo a los inmigrantes y reflejando el compromiso de la nación con estos valores.

Territorios de los ESTADOS UNIDOS

Más allá de los Estados Unidos continentales, hay territorios estadounidenses situados en el Océano Pacífico y el Mar Caribe. Estos territorios, aunque no forman parte del continente americano, caen bajo la jurisdicción del gobierno de los Estados Unidos. Los territorios incluyen Puerto Rico, las Islas Vírgenes de los Estados Unidos, Samoa Americana, las Islas Marianas del Norte y Guam. Cada territorio tiene su identidad cultural única y juega un papel importante en el paisaje geopolítico de los Estados Unidos.

- *Puerto Rico:* Una isla vibrante en el Caribe con un rico patrimonio cultural y una mezcla única de influencias españolas, africanas e indígenas.
- *Islas Vírgenes de los Estados Unidos:* Comprende St. Thomas, St. John, y St. Croix, estas islas ofrecen impresionantes paisajes y un diverso tapiz cultural.
- *Samoa Americana:* Ubicada en el Pacífico, Samoa Americana es conocida por su exuberante vegetación, arrecifes de coral y tradiciones culturales polinesias.
- *Islas Marianas del Norte:* Situado en el Pacífico occidental, este territorio cuenta con un clima tropical y una mezcla única de culturas chamorro y carolineña.

- *Guam:* Situado en el Océano Pacífico occidental, Guam es un territorio estratégicamente importante con un patrimonio cultural chamorro distintivo.

Símbolos

Los símbolos tienen un significado inmenso en la transmisión de los valores, la historia y las aspiraciones de una nación. En los Estados Unidos, una miríada de símbolos encapsula el espíritu de la identidad estadounidense.

1. **La bandera americana:**

   - Las Estrellas y Rayas, con sus 13 franjas que simbolizan las colonias originales y las 50 estrellas que representan a cada uno de los estados, son un emblema de unidad y fortaleza.

   - El Juramento a la Bandera (*Pledge of* Allegiance) se pronuncia como expresión de fidelidad cotidiana hacia la bandera y los valores que encarna.

2. **El águila calva:**

   - Como símbolo nacional y representación de la libertad, el águila calva destaca por su vigor, grandeza y la inmortalidad del espíritu estadounidense.

3. **La Estatua de la Libertad:**

   - Obsequio de Francia y situada en el puerto de Nueva York, la Estatua de la Libertad se erige como un icono universal de libertad y democracia. Su antorcha es un faro de esperanza e iluminación.

4. **El Gran Sello:**

   - El Gran Sello de los Estados Unidos, mostrando al águila calva, un ramo de olivo y un haz de flechas, simboliza tanto la paz como la disposición a defenderse. Su lema, "E Pluribus Unum", resalta la unión.

5. **La Campana de la Libertad:**

   - Localizada en Filadelfia, Pensilvania, la Campana de la Libertad (*Liberty Bell*) lleva inscripciones que evocan el anhelo de la libertad y la igualdad.

6. **La Casa Blanca:**

   - Residencia oficial y centro de trabajo del presidente de los Estados Unidos, la Casa Blanca en Washington, D.C., se presenta como insignia del poder ejecutivo del país.

7. **El Himno Nacional - *"The Star-Spangled Banner"*:**

   - Compuesta por Francis Scott Key durante la Guerra de 1812, esta obra musical refleja la tenacidad de las fuerzas estadounidenses ante las dificultades.

8. **El Preámbulo de la Constitución de los Estados Unidos:**

   - Iniciando con las palabras «We *the People*» (Nosotros, el pueblo), el preámbulo abarca los fundamentos de la Constitución, subrayando el concepto de autogobierno.

Vacaciones

Los días festivos en Estados Unidos ofrecen momentos para recordar acontecimientos históricos, celebrar el patrimonio cultural y reafirmar valores compartidos. El calendario en los EE.UU. está marcado por una amplia variedad de fiestas que muestran la rica historia y diversidad cultural de la nación.

1. **Día de la Independencia - 4 de julio:**

   - Conmemora la aprobación de la Declaración de Independencia en 1776.

   - Celebrado con fuegos artificiales, desfiles, barbacoas y exhibiciones patrióticas.

2. **Acción de Gracias:**

   - Originado de la fiesta de los peregrinos en 1621, el Día de Acción de Gracias es un momento para expresar gratitud por las bendiciones y compartir una comida con sus seres queridos.

3. **Día de Martin Luther King Jr.:**

   - Honra las contribuciones del líder de los derechos civiles a la igualdad racial y la justicia.

4. **Día de la Recordación:**

   - Honra al personal militar que ha muerto en servicio a su país.

   - Tradicionalmente marcado por ceremonias, desfiles y visitas a cementerios.

5. **Día del Trabajo:**

   - Reconoce las contribuciones de los trabajadores estadounidenses y el movimiento obrero.

- A menudo se considera el final no oficial del verano, celebrado con barbacoas y actividades al aire libre.

6. **Día de los Veteranos:**

- Honra a los veteranos militares que han servido en las Fuerzas Armadas de los Estados Unidos.

7. **Día de los presidentes:**

- Originalmente establecido para honrar el cumpleaños de George Washington, ahora conmemora a todos los presidentes de Estados Unidos.

8. **Día de la Raza:**

- Conmemora la llegada de Cristóbal Colón a las Américas.

- Sujeto a debates y discusiones sobre su importancia histórica.

9. **Navidad:**

- Una fiesta cristiana celebrada el 25 de diciembre, conmemorando el nacimiento de Jesucristo.

- Marcado por regalos, decoraciones y reuniones festivas.

10. **Día de Año Nuevo:**

- Marca el comienzo del nuevo año con celebraciones y resoluciones.

11. **Día de la Bandera - 14 de junio:**

- Conmemora la adopción de la bandera de EE. UU. en 1777.
- A menudo se destaca por muestras patrióticas y eventos.

USCIS 100 preguntas

Gobierno de los Estados Unidos

PRINCIPIOS DE LA DEMOCRACIA ESTADOUNIDENSE

1. ¿Cuál es la ley suprema de la nación?

- La Constitución

Explicación: La Constitución de los Estados Unidos es la ley suprema del país. Es la base de todas las autoridades federales e impone limitaciones significativas al poder ejecutivo que salvaguardan las libertades fundamentales de los estadounidenses. Se esbozó con la cooperación del poder legislativo del Estado y la autoridad soberana del pueblo.

2. ¿Qué hace la Constitución?

- Establece el gobierno
- Define el gobierno
- Protege los derechos básicos de los ciudadanos estadounidenses

Explicación: La Constitución establece los tres departamentos principales del gobierno federal, así como las responsabilidades que se asignan a cada uno de ellos. Además, detalla la legislación esencial que el gobierno federal de los Estados Unidos ha promulgado.

3. La idea de autogobierno está en las tres primeras palabras de la Constitución. ¿Cuáles son estas palabras?

- "Nosotros, el pueblo"

Explicación: Las tres primeras palabras de la Constitución "Nosotros el pueblo" introducen el concepto de autogobierno. En este contexto, "Nosotros el pueblo" significa que son los propios ciudadanos los que deciden crear un gobierno. Las palabras "Nosotros el pueblo" también indican que los ciudadanos eligen representantes para hacer leyes, y la combinación de estas dos características define el concepto de autogobierno.

4. ¿Qué es una enmienda?

- Un cambio (a la Constitución)
- Una adición (a la Constitución)

Explicación: Una enmienda puede definirse como un cambio o adición a la Constitución.

5. ¿Cómo llamamos las diez primeras enmiendas a la Constitución?

- La Carta de Derechos

Explicación: Las diez primeras enmiendas a la Constitución se conocen como la Carta de Derechos. Describen los derechos que tienen los estadounidenses con respecto a su gobierno. Salvaguardan los derechos y libertades civiles del individuo, como la libertad de expresión, prensa, reunión y religión.

6. ¿Cuál es un derecho o libertad garantizado por la Primera Enmienda? *

- Expresión
- Religión
- Reunión
- Prensa
- Peticionar al gobierno

Explicación: La primera enmienda a la Constitución de los Estados Unidos protege la libertad de expresión, reunión, prensa, religión y petición al gobierno.

7. ¿Cuántas enmiendas tiene la Constitución?

- Veintisiete (27)

Explicación: Con el tiempo, la Constitución Americana ha adoptado cambios (enmiendas) para mejorar la protección de los derechos de sus ciudadanos. Hasta la fecha, se han introducido 27 enmiendas a la Constitución.

8. ¿Qué hizo la Declaración de Independencia?

- Anunció nuestra independencia (de Gran Bretaña)
- Declaró nuestra independencia (de Gran Bretaña)
- Declaró que EE.UU. se independizó (de Gran Bretaña)

Explicación: Las trece antiguas colonias de Estados Unidos declararon su independencia del Imperio Británico a través de la Declaración de Independencia el 4 de julio de 1776. La

Declaración de Independencia anunció la independencia de Estados Unidos del Imperio Británico y declaró al país libre.

9. ¿Cuáles son dos derechos en la Declaración de Independencia?

- la vida
- la libertad
- la búsqueda de la felicidad

Explicación: "Las verdades que consideramos evidentes son que todos los hombres son creados iguales, que son provistos por su Creador con derechos inalienables particulares, y que entre estos derechos están el derecho a la vida, la libertad y la búsqueda de la felicidad." – De la Declaración de Independencia

10. ¿En qué consiste la libertad de religión?

- Puedes practicar cualquier religión, o no practicar una religión

Explicación: La libertad religiosa es el derecho a seguir o a no seguir ninguna religión. Es una disposición de la Primera Enmienda a la Constitución de los Estados Unidos y se aplica a cualquier persona que viva en los Estados Unidos.

11. ¿Cuál es el sistema económico en los EE.UU.? *

- Economía capitalista
- Economía de mercado

Explicación: El sistema económico de Estados Unidos es una mezcla de economía capitalista y economía de mercado. En la economía estadounidense, tanto las empresas de propiedad privada como el gobierno desempeñan un papel importante.

12. ¿En qué consiste el "Estado de Derecho"?

- Todos deben obedecer la ley
- Los líderes deben obedecer la ley
- El gobierno debe obedecer la ley
- Nadie está por encima de la ley

Explicación: El "Estado de Derecho" es el concepto que expresa cómo todos deben estar sujetos a las mismas leyes (incluyendo gobiernos, legisladores y líderes), que todos son iguales frente a la ley, y nadie está por encima de la ley.

SISTEMA DE GOBIERNO

13. Nombre una rama o parte del gobierno. *

- Congreso

- Poder Legislativo
- Presidente
- Poder Ejecutivo
- Tribunales
- Poder Judicial

Explicación: Hay tres ramas distintas que componen el gobierno de los Estados Unidos: El legislativo, el ejecutivo y el judicial. Cuando se trata de hacer cumplir las decisiones judiciales, los jueces dependen de la parte ejecutiva del gobierno.

14. ¿Qué es lo que evita que <u>una</u> rama del gobierno se vuelva demasiado poderosa?

- Pesos y contrapesos
- Separación de poderes

Explicación: El gobierno de los Estados Unidos consta de tres ramas separadas: Legislativa, ejecutiva y judicial. Cada una de estas ramas tiene sus propios poderes que no son propios de las otras dos. Este sistema fue construido para evitar que una sola rama del gobierno tuviera tanto poder que pudiera escapar al control de las otras dos ramas. Este mecanismo de tener tres ramas separadas, cada una de las cuales tiene sus propios poderes y puede supervisar las otras dos, se llama "Separación de Poderes" o "Cheques y Equilibrio".

15. ¿Quién está a cargo de la rama ejecutiva?

- el presidente

Explicación: El poder ejecutivo está encabezado por el presidente. El vicepresidente y otros departamentos ejecutivos y comités también forman parte de esta rama.

16. ¿Quién crea las leyes federales?

- el Congreso
- el Senado y la Cámara (de Representantes)
- la Legislatura (de Estados Unidos o nacional)

Explicación: El Congreso, integrado por el Senado y la Cámara de Representantes, tiene la facultad de dictar leyes federales. Juntos, el Senado y la Cámara de Representantes también pueden definirse como la legislatura.

17. ¿Cuáles son las <u>dos</u> partes que integran el Congreso de los Estados Unidos? *

- El Senado y la Cámara (o Cámara de Representantes)

Explicación: Juntos, la cámara alta (Senado) y la cámara baja (Cámara de Representantes) forman el Congreso, que a su vez forma el poder legislativo de los Estados Unidos.

18. ¿Cuántos senadores estadounidenses hay?

- Cien (100)

Explicación: Cada estado tiene 2 senadores, mientras que el número de representantes varía de un estado a otro según la población de cada estado.

Dado que hay 50 estados en los EE.UU. y cada estado elige 2 senadores, el Senado consta de un total de cien (100) senadores.

Los senadores son elegidos por un período de 6 años, mientras que los representantes son elegidos por 2 años. A los senadores se les permite postularse por tantos términos como elijan. Su responsabilidad en el Senado es representar a todos los ciudadanos en su estado (explicación similar para las preguntas: 19, 22, 23 y 24).

19. ¿De cuántos años es el término de elección de un senador de Estados Unidos?

- Seis (6)

20. ¿Quién es <u>uno</u> de los senadores actuales del estado donde usted vive? *

- Las respuestas pueden diferir. Si usted reside en el Distrito de Columbia o en un territorio estadounidense, indique que D.C. (o el territorio específico) no tiene senadores estadounidenses. Para localizar a los senadores estadounidenses de su estado, por favor visite *senate.gov*.

21. ¿La Cámara de Representantes tiene cuántos miembros votantes?

- Cuatrocientos treinta y cinco (435)

22. ¿De cuántos años es el término de elección de un representante de Estados Unidos?

- Dos (2)

23. Nombre a su representante de los Estados Unidos.

- Las respuestas pueden variar. Si reside en un territorio con delegados o Comisionados Residentes sin derecho a voto, puede proporcionar el nombre de ese delegado o Comisionado. Alternativamente, es aceptable afirmar que el territorio no tiene representantes (votantes) en el Congreso. Para encontrar a su representante de EE.UU., por favor visite *house.gov*.

24. ¿A quiénes representa un senador de Estados Unidos?

- a todas las personas del estado

25. ¿Por qué algunos estados tienen más representantes que otros estados?

- (debido a) la población del estado
- (porque) tienen más gente
- (porque) algunos estados tienen más gente

Explicación: Cada estado elige un número de representantes que aumenta a medida que aumenta la población. Cuanto mayor es la población del estado, más candidatos puede elegir el estado.

El gobierno de los Estados Unidos realiza un censo cada 10 años para contar a los ciudadanos de los Estados Unidos. El censo determina el número total de personas en cada estado. También determina cuántos representantes pueden ser elegidos dentro de cada estado individual. Los distritos se utilizan para particionar el estado. Un representante es elegido en cada distrito.

26. ¿Por cuantos años elegimos al presidente?

- Cuatro (4)

Explicación: La vigésima segunda enmienda, ratificada en 1951, restringe a los presidentes a dos mandatos de cuatro años. Nadie puede servir más de dos mandatos de cuatro años como presidente.

27. ¿En qué mes votamos por un nuevo presidente? *

- Noviembre

Explicación: Las elecciones presidenciales son siempre en noviembre. En 1845, el Congreso declaró que noviembre era el mes ideal para las elecciones. En ese momento, la mayoría de los estadounidenses vivían en granjas. Los agricultores habían terminado de cosechar sus cosechas en noviembre, lo que les facilitó salir a votar. Noviembre tampoco fue tan severo como la temporada de invierno.

28. ¿Cómo se llama el actual presidente de Estados Unidos? *

- Donald J. Trump
- Donald Trump
- Trump

Explicación: El actual presidente de los Estados Unidos a día de hoy es Donald Trump. Sin embargo, el presidente cambia después de las elecciones. Por lo tanto, usted debe saber el nombre del actual presidente en el momento en que está tomando el examen. Visite uscis.gov/citizenship/testupdates para conocer el nombre del presidente de los Estados Unidos.

Las actualizaciones sobre el presidente más reciente se pueden adquirir escaneando el siguiente código QR:

29. ¿Cómo se llama el actual vicepresidente de Estados Unidos?

- JD Vance
- Vance

Explicación: El actual vicepresidente de los Estados Unidos a día de hoy es JD Vance. Sin embargo, el vicepresidente cambia después de las elecciones; por lo tanto, debe saber el nombre del actual vicepresidente en el momento en que se está haciendo el examen. Visite uscis.gov/citizenship/testupdates para conocer el nombre del vicepresidente de los Estados Unidos.

30. Si el presidente ya no puede cumplir sus funciones, ¿quién se convierte en presidente?

- el vicepresidente

Explicación: Si el presidente no puede servir, el vicepresidente se convierte en el presidente. En el caso de que tanto el presidente como el vicepresidente no puedan servir, el presidente de la Cámara de Representantes se convierte en el presidente.

31. Si tanto el presidente como el vicepresidente ya no pueden cumplir sus funciones, ¿quién se convierte en presidente?

- el presidente de la Cámara de Representantes

Explicación: La misma explicación para la pregunta 30

32. ¿Quién es el comandante en jefe de las Fuerzas Armadas?

- el presidente

33. ¿Quién firma los proyectos de ley para convertirlos en ley?

- el presidente

34. ¿Quién veta los proyectos de ley?

- el presidente

35. ¿Qué hace el Gabinete del presidente?

- asesora al presidente

Explicación: El gabinete asesora al presidente sobre cuestiones y proyectos de ley importantes. Está integrado por el vicepresidente y los jefes de 15 departamentos ejecutivos (que en otros sistemas jurídicos pueden llamarse ministerios).

36. ¿Cuáles son dos puestos a nivel de gabinete?

- Secretario de Agricultura
- Secretario de Comercio
- Secretario de Defensa
- Secretario de Educación
- Secretario de Energía
- Secretario de Salud y Servicios Humanos
- Secretario de Seguridad Nacional
- Secretario de Vivienda y Desarrollo Urbano
- Secretario del Interior
- Secretario de Trabajo
- Secretario de Estado
- Secretario de Transporte
- Secretario del Tesoro (de Hacienda)
- Secretario de Asuntos de los Veteranos
- Procurador general (fiscal general)
- Vicepresidente

37. ¿Qué hace la Rama Judicial? (El poder judicial)

- Revisa las leyes
- Explica las leyes
- Resuelve disputas (desacuerdos)
- Decide si una ley va en contra de la Constitución

38. ¿Cuál es el tribunal más importante (supremo) de los Estados Unidos?

- el Tribunal Supremo (Corte Suprema)

Explicación: El Tribunal Supremo es el tribunal supremo del país. El Tribunal Supremo considera si una ley viola la Constitución. Todos los demás tribunales deben seguir las normas establecidas por el Tribunal Supremo. El fallo de la Corte Suprema debe ser seguido por todos los estados.

39. ¿Cuántos jueces hay en el Tribunal Supremo?

- Nueve (9)

Explicación: El actual Tribunal Supremo cuenta con nueve magistrados: Un presidente del Tribunal Supremo y ocho magistrados asociados. Visite uscis.gov/citizenship/testupdates para conocer el número de jueces de la Corte Suprema.

40. ¿Quién es el juez presidente actual del Tribunal Supremo de Estados Unidos?

- John Roberts
- John G. Roberts, Jr.

Explicación: El actual presidente del Tribunal Supremo de los Estados Unidos a día de hoy es John G. Roberts. Sin embargo, el presidente del Tribunal Supremo cambia. Usted debe saber el nombre del actual presidente del Tribunal Supremo en el momento en que usted está tomando el examen. Visite uscis.gov/citizenship/testupdates para conocer el nombre del presidente del Tribunal Supremo de los Estados Unidos.

41. De acuerdo con nuestra Constitución, algunos poderes pertenecen al gobierno federal. ¿Cuál es un poder del gobierno federal?

- Imprimir dinero
- Declarar la guerra
- Crear un ejército
- Acordar tratados

42. De acuerdo con nuestra Constitución, algunos poderes pertenecen a los estados. ¿Cuál es un poder de los estados?

- Proporcionar escolarización y educación
- Proporcionar protección (policía)
- Proporcionar seguridad (cuerpos de bomberos)
- Otorgar licencias de conducir
- Aprobar la zonificación y el uso de la tierra (uso de suelos)

43. ¿Quién es el gobernador actual de su estado?

- Las respuestas serán diferentes. Los residentes del Distrito de Columbia deben declarar que el Distrito de Columbia carece de un gobernador. Para localizar al Gobernador de su estado, por favor visite *usa.gov/states-and-territories*.

44. ¿Cuál es la capital de su estado? *

- Habrá una variedad de respuestas. Los residentes del Distrito de Columbia deben responder afirmando que el Distrito de Columbia no es un estado y no tiene capital. Es responsabilidad de las personas que viven en territorios estadounidenses identificar la capital de su respectivo territorio.

- A continuación, una lista completa de todas las capitales de los Estados Unidos

Estado	Capital
Alabama	Montgomery
Alaska	Juneau
Arizona	Phoenix
Arkansas	Little Rock
California	Sacramento
Colorado	Denver
Connecticut	Hartford
Delaware	Dover
Florida	Tallahassee
Georgia	Atlanta
Hawái	Honolulu
Idaho	Boise
Illinois	Springfield
Indiana	Indianápolis
Iowa	Des Moines
Kansas	Topeka
Kentucky	Frankfort
Luisiana	Baton Rouge
Maine	Augusta
Maryland	Annapolis
Massachusetts	Boston
Michigan	Lansing
Minnesota	San Pablo
Mississippi	Jackson
Missouri	Jefferson City
Montana	Helena
Nebraska	Lincoln
Nevada	Carson City
Nueva Hampshire	Concordia
Nueva Jersey	Trenton
Nuevo México	Santa Fe
Nueva York	Albany
Carolina del Norte	Raleigh
Dakota del Norte	Bismarck

Ohio	Colón
Oklahoma	Ciudad de Oklahoma
Oregón	Salem
Pensilvania	Harrisburg
Rhode Island	Providencia
Carolina del Sur	Columbia
Dakota del Sur	Pierre
Tennessee	Nashville
Texas	Austin
Utah	Salt Lake City
Vermont	Montpelier
Virginia	Richmond
Washington	Olympia
Virginia Occidental	Charleston
Wisconsin	Madison
Wyoming	Cheyenne

45. ¿Cuáles son los dos principales partidos políticos en los Estados Unidos? *

- Demócrata y republicano

Explicación: Los dos partidos políticos más grandes de los Estados Unidos son el Partido Demócrata y el Partido Republicano. Los demócratas están representados por un símbolo de burro. El Partido Republicano está representado por un símbolo de elefante.

46. ¿Cuál es el partido político del presidente actual?

- Republicano (Partido)

Visite uscis.gov/citizenship/testupdates para el partido político del presidente.

47. ¿Cómo se llama el portavoz actual de la Cámara de Representantes?

- Mike Johnson
- Johnson
- James Michael Johnson (nombre de nacimiento)

Visite uscis.gov/citizenship/testupdates para conocer el nombre del presidente de la Cámara de Representantes.

DERECHOS Y RESPONSABILIDADES

48. Existen cuatro enmiendas a la Constitución sobre quién puede votar. Describe una de ellas.

- Ciudadanos de dieciocho (18) años en adelante (pueden votar)
- No se exige pagar un impuesto para votar (el impuesto para acudir a las urnas o "poll tax" en inglés)
- Cualquier ciudadano puede votar. (Tanto mujeres como hombres pueden votar)
- Un hombre ciudadano de cualquier raza (puede votar)

Explicación: Desde la independencia, se han hecho 4 enmiendas a la Constitución de los Estados Unidos para garantizar el derecho al voto.

49. ¿Cuál es una responsabilidad que corresponde sólo a los ciudadanos de Estados Unidos? *

- Prestar servicio en un jurado
- Votar en una elección federal

Explicación: Los ciudadanos de los EE.UU. están calificados para votar en las elecciones federales. La votación es esencial. Sin embargo, no hay ninguna ley que obligue a los ciudadanos a votar. Es únicamente una responsabilidad moral. En cambio, existe la obligación de los ciudadanos de servir en los jurados cuando se les pide. Si un ciudadano recibe una citación para servir en un jurado, él o ella debe cumplir. Un jurado es un grupo de personas que se sientan en un tribunal para escuchar un juicio. El resultado del juicio se decide mediante la votación del jurado.

50. ¿Cuál es un derecho que pueden ejercer sólo los ciudadanos de Estados Unidos?

- Votar en una elección federal
- Postularse a un cargo político federal

Explicación: Solo los ciudadanos de los EE.UU. son elegibles para votar y solicitar oficinas estatales. A través de sus representantes elegidos, los ciudadanos hacen leyes. Hay varios legisladores y senadores en los EE.UU. que eran ciudadanos naturalizados. Los ciudadanos naturalizados, sin embargo, no pueden convertirse en presidente.

51. ¿Cuáles son los dos derechos de todos los que viven en los Estados Unidos?

- Libertad de expresión
- Libertad de la palabra
- Libertad de reunión
- Libertad de peticionar al gobierno

- Libertad de religión
- Derecho a portar armas

52. ¿A qué demostramos nuestra lealtad cuando prestamos el Juramento de Lealtad (*Pledge of Allegiance*)?

- a Estados Unidos
- a la bandera

Explicación: Como ciudadano estadounidense, se espera que usted se comprometa a mostrar lealtad a la bandera y a los Estados Unidos. También te comprometes a mantenerte leal al país, defender y obedecer la Constitución y la ley de la tierra, y servir a la nación cuando y si es necesario.

53. ¿Cuál es una promesa que usted haces cuando se convierte en ciudadano de Estados Unidos?

- Renunciar a su lealtad a otros países
- Defender la Constitución y las leyes de Estados Unidos
- Obedecer a las leyes de Estados Unidos
- Prestar servicio en las Fuerzas Armadas de Estados Unidos (de ser necesario)
- Prestar servicio a (realizar trabajo importante para) la nación (de ser necesario)
- Ser leal a Estados Unidos

Explicación: Para convertirse en ciudadano estadounidense, después de aprobar el examen, tendrá que prestar juramento. Durante este juramento, usted hará una serie de promesas (enumeradas arriba) que deben hacer explícita su lealtad a los Estados Unidos.

54. ¿Cuántos años tienen que tener los ciudadanos para votar por el presidente? *

- Dieciocho (18) años en adelante

Explicación: Para votar por presidente, los ciudadanos deben tener 18 años o más. La Vigésima Sexta Enmienda fue agregada a la Constitución por el Congreso y los estados en 1971 porque la generación más joven había ampliado su conciencia cívica y política, por lo que se consideró apropiado permitirles votar.

55. ¿Cuáles son dos maneras mediante las cuales los ciudadanos estadounidenses pueden participar en su democracia?

- Votar
- Afiliarse a un partido político
- Ayudar en una campaña política
- Unirse a un grupo cívico

- Unirse a un grupo comunitario
- Compartir su opinión acerca de un asunto con un oficial electo
- Llamar a Senadores y Representantes
- Apoyar públicamente u oponerse a un asunto o política
- Postularse a un cargo político
- Enviar una carta o mensaje a un periódico

56. ¿Cuál es la fecha límite pare enviar la declaración federal de impuestos sobre ingresos? *

- el 15 de abril

Explicación: En el caso de que presente su declaración de impuestos para el año calendario y su año tributario concluya el 31 de diciembre, la fecha límite para presentar su declaración de impuestos federales individuales suele ser el 15 de abril de cada año.

57. ¿Cuándo deben inscribirse todos los hombres en el Servicio Selectivo?

- a los dieciocho (18) años
- entre los dieciocho (18) y veintiséis (26) años de edad

Explicación: Entre los 18 y 26 años, todos los hombres deben inscribirse en el Servicio Selectivo. A medida que se inscribe, le está diciendo al gobierno que está dispuesto a participar en el servicio militar si es necesario. Usted no está obligado a participar en el servicio militar a menos que desee hacerlo.

Historia estadounidense

ÉPOCA COLONIAL E INDEPENDENCIA

58. ¿Cuál es una de las razones por las que los colonos vinieron a América?

- Libertad
- Libertad política
- Libertad religiosa
- Oportunidad económica
- Practicar su religión
- Huir de la persecución

Explicación: Los colonos habían venido a América en busca de libertad. A veces, querían escapar de diferentes formas de persecución y tener libertad política y poder practicar su religión libremente.

59. ¿Quiénes vivían en lo que hoy conocemos como Estados Unidos antes de la llegada de los europeos?

- Indios estadounidenses
- los nativos estadounidenses

Explicación: Los nativos estadounidenses (también indios estadounidenses) vivían en América antes de que los europeos llegaran a esta tierra y la colonizaran.

60. ¿Qué grupo de personas fue traído a Estados Unidos y vendidos como esclavos?

- Africanos
- Gente de África

Explicación: A principios de la década de 1500, millones de personas de África fueron traídas a América como esclavos. Los maestros de esclavos consideraron a los esclavos como propiedad durante cientos de años. Este fue un factor importante que contribuyó a la Guerra Civil. Después de que la Guerra Civil terminara en 1865, la esclavitud fue abolida. Las personas que habían sido esclavos ganaron la libertad.

61. ¿Por qué los colonos lucharon contra los británicos?

- Debido a los altos impuestos (impuestos sin representación)
- Porque el ejército británico se alojaba en sus casas (alojándose, acuartelándose)
- Porque no tenían gobierno propio

Explicación: Los colonos emigraron a América en busca de libertad. Pero los británicos comenzaron a oprimirlos imponiendo altos impuestos y no permitiéndoles el autogobierno. Además, los soldados británicos comenzaron a ocupar las casas de los estadounidenses. Esto convenció a los estadounidenses de luchar contra los británicos.

62. ¿Quién escribió la Declaración de Independencia?

- (Thomas) Jefferson

63. ¿Cuándo fue adoptada la Declaración de Independencia?

- el 4 de julio de 1776

Explicación a las preguntas 62 y 63: La Declaración de Independencia fue aprobada por las Colonias el 4 de julio de 1776. La Declaración de Independencia fue escrita por Thomas Jefferson. Afirmó que las colonias fueron liberadas del dominio británico. La Declaración fue firmada por representantes de las 13 colonias. El 4 de julio de 1776, por lo tanto, se considera como la fecha en que los EE.UU. nacieron oficialmente como una nación independiente.

64. Había 13 estados originales. Nombre tres.

- Nueva Hampshire
- Massachusetts
- Rhode Island
- Connecticut
- Nueva York
- Nueva Jersey
- Pensilvania
- Delaware
- Maryland
- Virginia
- Carolina del Norte
- Carolina del Sur
- Georgia

Explicación: New Hampshire, Massachusetts, Rhode Island, Connecticut, Nueva York, Estados Unidos nueva Jersey, Pensilvania, Delaware, Maryland, Virginia, Carolina del Norte, Carolina del Sur y Georgia fueron los primeros 13 estados. Los trece estados iniciales fueron los trece primeros territorios británicos. Para responder a esta pregunta correctamente, solo necesitas recordar el nombre de 3 de cada 13 colonias.

65. ¿Qué ocurrió en la Convención Constitucional?

- se redactó la Constitución
- los Padres Fundadores escribieron la Constitución

Explicación: Después de la Declaración de Independencia, la Constitución fue redactada por los "Padres Fundadores" durante la "Convención Constitucional" en 1787. Cincuenta y cinco delegados de 12 de los 13 estados originales asistieron a la Convención para discutir el sistema de gobierno y redactar la Constitución de los Estados Unidos. Los estados decidieron aprobar la Constitución después de la Convención Constitucional.

66. ¿Cuándo fue redactada la Constitución?

- 1787

67. Los escritos conocidos como «Los Documentos Federalistas» respaldaron la aprobación de la Constitución de Estados Unidos. Nombre uno de sus autores.

- (James) Madison
- (Alexander) Hamilton
- (John) Jay

- Publius

Explicación: En el momento de redactar la Constitución, los dirigentes estaban divididos en dos bloques: Federalistas y anti federalistas. Los que estaban a favor de la Constitución y que la apoyaron con sus "papeles", como James Madison, Alexander Hamilton y John Jay (los tres a menudo escribieron bajo el seudónimo colectivo "Publius") eran los federalistas.

68. Mencione una razón por la que es famoso Benjamin Franklin.

- Diplomático ESTADOUNIDENSE
- era el Miembro de mayor edad de la Convención Constitucional
- Primer director general de la Oficina de Correos de Estados Unidos
- Autor de "*Poor Richard's almanac*" (Almanaque del Pobre Richard)
- Fundó las primeras bibliotecas gratuitas

69. ¿Quién se conoce como el "Padre de Nuestra Nación"?

- (George) Washington

Explicación: El papel que jugó George Washington durante la Guerra Revolucionaria significó que fue reconocido desde ese momento en adelante como el "Padre de nuestro país".

70. ¿Quién fue el primer presidente? *

- (George) Washington

Explicación: George Washington jugó un papel de liderazgo en la creación de la Constitución, así como en la guerra de independencia estadounidense. También fue el primer presidente de Estados Unidos y, por estas razones, ha sido honrado como el "Padre de nuestro país".

SIGLO 19 (LOS AÑOS 1800)

71. ¿Qué territorio compró Estados Unidos a Francia en 1803?

- el Territorio de Luisiana
- Luisiana

Explicación: Después de obtener la independencia, Estados Unidos comenzó a expandir su territorio y, por lo tanto, compró el Territorio de Luisiana, o Luisiana, de Francia en 1803.

72. Mencione una guerra en la que combatió Estados Unidos durante los años 1800.

- la Guerra de 1812

- la Guerra entre México y Estados Unidos
- la Guerra civil
- Guerra Hispano estadounidense (Hispanoamericana)

Explicación: Para obtener más información sobre este tema, consulte la sección "Historia americana"

73. ¿Cuál es el nombre de la guerra entre el Norte y el Sur de Estados Unidos?

- la Guerra Civil
- la Guerra entre Estados

Explicación: Fue una guerra interna entre los estados norteamericanos del norte (Estados Unidos, o Unión), liderada por el presidente Abraham Lincoln, y los estados del sur (la Confederación). La guerra fue causada principalmente por posiciones en desacuerdo sobre la esclavitud, que los estados del norte querían abolir, y sobre otros temas económicos.

La guerra fue ganada por los estados del norte, que gradualmente lograron forzar la liberación de los esclavos.

74. Mencione un problema que condujo a la Guerra Civil.

- Esclavitud
- Razones económicas
- Derechos de los estados

Explicación: La Guerra Civil comenzó como resultado de disputas sobre la esclavitud y otros asuntos, como las preocupaciones económicas y los derechos de los Estados. Algunas personas pensaban que la esclavitud debía prohibirse, mientras que otras no. Los afroamericanos esclavizados fueron utilizados como mano de obra en granjas y en ciudades cuando comenzó la Guerra Civil en 1861. Muchos individuos en el Sur pensaban que los esclavos eran necesarios para su economía y su vida cotidiana. Al mismo tiempo, la gente del Norte quería que se aboliera la esclavitud. El Sur luchó la Guerra Civil para preservar la legalidad de la esclavitud. En 1865, el Norte ganó la guerra. La esclavitud se hizo ilegal en todos los estados. (la misma explicación se aplica a las preguntas: 75 y 76)

75. ¿Cual fue una cosa importante que hizo Abraham Lincoln? *

- Liberó a los esclavos (Proclamación de la Emancipación)
- Salvó (o preservó) la Unión
- Presidió (dirigió) Estados Unidos durante la Guerra Civil

76. ¿Qué hizo la Proclamación de la Emancipación?

- Liberó a los esclavos

- Liberó a los esclavos de la Confederación
- Liberó a los esclavos en los estados de la Confederación
- Liberó a los esclavos en la mayoría de los estados del sur

77. ¿Qué hizo Susan B. Anthony?

- Luchó por los derechos de la mujer
- Luchó por los derechos civiles

Explicación: Susan B. Anthony fue una figura clave en el movimiento por los derechos de las mujeres y el movimiento por los derechos civiles. Pronunció conversaciones a favor de los derechos de la mujer, en particular el derecho al voto. En 1872 Susan B. Anthony incluso intentó votar y fue arrestada. Después de su muerte en 1906, la lucha continuó, y la Enmienda XIX, que otorgaba a las mujeres el derecho al voto, se añadió a la Constitución en 1920.

HISTORIA ESTADOUNIDENSE RECIENTE Y OTRA INFORMACIÓN HISTÓRICA IMPORTANTE

78. Mencione <u>una</u> guerra del siglo XX en la que combatió Estados Unidos.

- la Primera Guerra Mundial
- la Segunda Guerra Mundial
- la Guerra de Corea
- la Guerra de Vietnam
- la Guerra del Golfo (Pérsico)

Explicación: Durante la década de 1900, los EE.UU. lucharon en las dos guerras mundiales 1 y 2, la Guerra Fría, la Guerra de Corea, la Guerra de Vietnam y la Guerra del Golfo.

79. ¿Quién era el presidente durante la Primera Guerra Mundial?

- (Woodrow) Wilson

Explicación: Woodrow Wilson era el presidente estadounidense en la época de la Primera Guerra Mundial No se unió a la guerra hasta finales de 1917.

80. ¿Quién era presidente durante la Gran Depresión y la Segunda Guerra Mundial?

- (Franklin) Roosevelt

Explicación: Elegido en 1933, Franklin D. Roosevelt fue el presidente de los Estados Unidos durante la Gran Depresión y la Segunda Guerra Mundial El término "Gran Depresión" se utiliza para referirse al período, de 1929 a 1939, durante el cual la economía estadounidense cayó precipitadamente, los bancos quebraron y muchas personas estaban desempleadas. Franklin D. Roosevelt intentó reparar la economía. En 1941, Estados Unidos entró en la Segunda Guerra Mundial Los estadounidenses lucharon junto a Gran Bretaña, la Unión Soviética, Francia y China contra Alemania, Italia y Japón. Franklin D. Roosevelt sirvió como presidente hasta su muerte en 1945.

81. ¿Contra qué países peleó Estados Unidos en la Segunda Guerra Mundial?

- Japón, Alemania e Italia

Explicación: En la Segunda Guerra Mundial, Estados Unidos luchó contra Alemania, Italia y Japón. Después de que Japón bombardeara Pearl Harbor (Hawái) en 1941, Estados Unidos entró en la Segunda Guerra Mundial Alemania e Italia tenían a Japón como aliado. Unieron fuerzas para crear los "poderes del Eje". En 1945, Estados Unidos y sus aliados derrotaron a Japón, Alemania e Italia.

82. Antes de ser presidente, Eisenhower era general. ¿En qué guerra participó?

- Segunda Guerra Mundial

Explicación: Durante la Segunda Guerra Mundial, el presidente Dwight D. Eisenhower sirvió como general, y comandó el Ejército Americano y las fuerzas aliadas en Europa Occidental. Era un héroe militar popular cuando regresó de la Segunda Guerra Mundial. En 1953 fue elegido presidente.

83. Durante la Guerra Fría, ¿cuál era la principal preocupación de Estados Unidos?

- Comunismo

Explicación: Después del final de la Segunda Guerra Mundial, Estados Unidos y la URSS comenzaron una guerra fría que fue una guerra ideológica entre el comunismo y el capitalismo. Los Estados Unidos estaban preocupados por la propagación del comunismo a otros países. Estados Unidos quería difundir la libertad y la libertad en el mundo a través de la democracia y el capitalismo.

84. ¿Qué movimiento trató de poner fin a la discriminación racial?

- (el movimiento de) derechos civiles

Explicación: Desde 1954 hasta 1968, el movimiento por los derechos civiles fue una ideología política y un movimiento en los EE.UU. para poner fin a la segregación racial estructural, la discriminación y la marginación en todo el país. Uno de los líderes más importantes de este movimiento fue Martin Luther King, Jr.

85. ¿Qué hizo Martin Luther King, Jr.?

- luchó por los derechos civiles
- trabajó por la igualdad de todos los ciudadanos estadounidenses

Explicación: Bajo el liderazgo de Martin Luther King, Jr., los estadounidenses lucharon por la libertad y los derechos civiles de los afroamericanos y exigieron la igualdad de derechos para todos los ciudadanos, que se garantizó, y los afroamericanos recibieron el voto y otros derechos fundamentales.

86. ¿Qué suceso de gran magnitud ocurrió el 11 de septiembre de 2001 en Estados Unidos?

- Terroristas atacaron a Estados Unidos

Explicación: Fue uno de los acontecimientos más trágicos de la historia estadounidense. El ataque terrorista contra las Torres Gemelas en la ciudad de Nueva York el 11 de septiembre de 2001, se cobró la vida de miles de ciudadanos estadounidenses inocentes.

87. Mencione una tribu de indios estadounidenses en Estados Unidos.

- Cherokee
- Navajo
- Sioux
- Chippewa
- Choctaw
- Pueblo
- Apache
- Iroquois
- Creek
- Blackfeet
- Seminole
- Cheyenne
- Arawak
- Shawnee
- Mohegan
- Huron
- Oneida
- Lakota
- Cuervo
- Teton
- Hopi
- Inuit

Educación cívica integrada

GEOGRAFÍA

88. Mencione uno de los dos ríos más largos en Estados Unidos.

- (el Río) Missouri
- (el Río) Mississippi

Explicación: El río Misuri y el río Mississippi son los dos ríos más largos de los Estados Unidos. El río Missouri es el río más largo de los Estados Unidos. Se origina en las Montañas Rocosas y recorre 2.341 millas, primero hacia el este y luego hacia el sur antes de desembocar en el río Mississippi. El río Mississippi fluye a través de 10 estados en los Estados Unidos. Comienza en Minnesota, cerca de la frontera con Canadá. Concluye en Luisiana.

89. ¿Qué océano está en la costa oeste de Estados Unidos?

- (el Océano) Pacífico

Explicación: El Océano Pacífico baña toda la costa oeste de los Estados Unidos.

90. ¿Qué océano está en la costa este de Estados Unidos?

- (el Océano) Atlántico

Explicación: Estados Unidos está bordeado al este por el Océano Atlántico. Este océano se extiende desde la costa este americana hasta Europa y África. Otro dato interesante es que las 13 colonias iniciales habían sido fundadas a lo largo de la costa del Océano Atlántico.

91. Dé el nombre de un territorio de Estados Unidos.

- Puerto Rico
- Islas Vírgenes de Estados Unidos
- Samoa Estadounidense
- Islas Marianas del Norte
- Guam

Explicación: Los "territorios de Estados Unidos" son territorios situados entre el Océano Pacífico y el Mar Caribe que, aunque no forman parte del continente americano, están bajo la jurisdicción del gobierno de Estados Unidos.

92. Mencione un estado que tiene frontera con Canadá.

- Maine
- Nueva Hampshire

- Vermont
- Nueva York
- Pensilvania
- Ohio
- Michigan
- Minnesota
- Dakota del Norte
- Montana
- Idaho
- Washington
- Alaska

93. Mencione <u>un</u> estado que tiene frontera con México.

- California
- Arizona
- Nuevo México
- Texas

94. ¿Cuál es la capital de Estados Unidos? *

- Washington, D.C.

95. ¿Dónde está la Estatua de la Libertad? *

- (el puerto de) Nueva York
- *Liberty Island*

[También son aceptables Nueva Jersey, cerca de la ciudad de Nueva York, y (el río) Hudson.]

Explicación: En 1886, el pueblo de Francia dio un regalo de amistad a los EE.UU. en forma de una estatua de cobre que se llama "La estatua de la Libertad", instalada en Liberty Island en el río Hudson en la ciudad de Nueva York (puerto).

SÍMBOLOS

96. ¿Por qué hay 13 franjas en la bandera?

- Porque representan las 13 colonias originales
- Porque las franjas representan las colonias originales

Explicación: La misma explicación que la pregunta 97

97. ¿Por qué hay 50 estrellas en la bandera? *

- Porque hay una estrella por cada estado
- Porque cada estrella representa un estado
- Porque hay 50 estados

Explicación: La bandera americana tiene 13 rayas y 50 estrellas. Las rayas simbolizan las antiguas 13 colonias, mientras que las estrellas simbolizan los actuales 50 estados americanos. Cada estrella representa un estado, y hay una estrella para cada estado. (La misma explicación para la pregunta: 96)

98. ¿Cómo se llama el himno nacional?

- *The Star-Spangled Banner*

Explicación: El himno nacional se llama "*The Star-Spangled Banner*". El himno gira en torno a la bandera estadounidense. Durante la Guerra de 1812, los barcos británicos irrumpieron en Fort McHenry en Baltimore una noche. Durante toda la noche, las bombas estallaron. Desde un barco, un estadounidense llamado Francis Scott Key vio la batalla. Le preocupaba que Estados Unidos perdiera la lucha. Al día siguiente, notó que la bandera estadounidense aletea en la brisa. Él era consciente de que los EE.UU. habían ganado la pelea. Luego compuso "*The Star-Spangled Banner*", que actualmente es el himno nacional de Estados Unidos.

DÍAS FERIADOS

99. ¿Cuándo celebramos el Día de la Independencia? *

- el 4 de julio

Explicación: Las trece antiguas colonias de Estados Unidos declararon su independencia del Imperio Británico a través de la Declaración de Independencia el 4 de julio de 1776. Desde entonces, el 4 de julio se celebra como fiesta nacional cada año para conmemorar el Día de la Independencia del país.

100. Mencione <u>dos</u> días festivos nacionales de Estados Unidos.

- Día de Año Nuevo
- Día de Martin Luther King, Jr.
- Día de los presidentes
- Día de la Recordación
- Día de la Independencia
- Día del Trabajo
- Día de la Raza (Cristóbal Colón)
- Día de los Veteranos
- Día de Acción de Gracias

- Día de Navidad
- Dia de la Liberación (*Juneteenth*)

Bono Exclusivo: Tarjetas descargables 5

¡Bienvenido a nuestras exclusivas tarjetas descargables diseñadas para ayudarle a dominar el Examen de Ciudadanía de los Estados Unidos con facilidad! Simplemente enmarca el código QR que se proporciona a continuación con la cámara de tu smartphone o Tablet, y te dirigirá a una carpeta donde podrás acceder e imprimir las tarjetas.

Cada conjunto de tarjetas de memoria consta de preguntas a la izquierda y sus respuestas correspondientes a la derecha. Después de imprimir, recorte cada tarjeta a lo largo de las líneas designadas, luego péguela de nuevo hacia atrás para que la pregunta esté en un lado y la respuesta esté en el otro. Este formato permite sesiones de estudio convenientes y memorización eficiente del contenido esencial de la prueba de ciudadanía.

¡Feliz estudiando, y la mejor de la suerte en su viaje a la ciudadanía de los Estados Unidos!

Consejos para un aprendizaje eficaz con tarjetas de memoria:

1. **Romper la información en trozos digeribles:** Usa cada tarjeta para enfocarte en un concepto específico, palabra de vocabulario o pregunta cívica. Dividir la información en trozos más pequeños y digeribles hace que sea más fácil de procesar y recordar.

2. **Utilice Active Recall:** Al revisar las tarjetas, cubre la respuesta o pregunta y trata de recordarla de la memoria antes de comprobarla. Esta técnica de recuperación activa fortalece su memoria y refuerza el aprendizaje.

3. **Crear Mnemonics o ayudas de memoria:** Para conceptos o información complejos, cree dispositivos mnemónicos o ayudas de memoria para ayudarlo a recordar. Asociar la información con imágenes vívidas o acrónimos puede hacer que sea más fácil de recordar durante la prueba.

4. **Mezclar la orden:** Baraja las tarjetas o mezcla el pedido al revisar para evitar la memorización de memoria. Al azar la orden desafía a tu cerebro a recuperar información de manera más efectiva.

5. **Rastrea tu progreso:** Mientras repasas las tarjetas, asegúrate de realizar un seguimiento de tu progreso. Tome nota de las áreas en las que sobresale y aquellas en las que puede necesitar un poco de trabajo, y altere su enfoque para estudiar adecuadamente.

6. **Revise regularmente:** La consistencia es clave para un aprendizaje efectivo con tarjetas de memoria. Reserva sesiones de estudio dedicadas y comprométete a una revisión regular para reforzar tu comprensión y retención del material.

Con estas tarjetas y consejos descargables para un aprendizaje efectivo, usted tiene un recurso valioso para apoyar sus esfuerzos de estudio y ayudarle a prepararse para el examen de ciudadanía estadounidense. Incorpórelos a su rutina de estudio, manténgase enfocado y crea en su capacidad para tener éxito. ¡Buena suerte en tu viaje para convertirte en un orgulloso ciudadano estadounidense!

Preparación práctica de exámenes de in{

Pruebas de práctica de habla

Prueba de Práctica 1

En esta prueba de habla, simularemos escenarios de entrevistas que imitan el formato y el vocabulario utilizado en las entrevistas de USCIS (Servicios de Ciudadanía e Inmigración de los Estados Unidos). Estos escenarios cubrirán una gama de temas de conversación relevantes para el proceso de naturalización, permitiendo a los solicitantes practicar sus habilidades de habla y demostrar su comprensión de los conceptos clave. Empecemos:

Hipótesis 1: Introducción y antecedentes personales

Entrevistador: Buenos días. Por favor, tenga un asiento. ¿Puede usted por favor indicar su nombre completo para el registro?

Good morning. Please have a seat. Can you please state your full name for the record?

Solicitante: Buenos días. Mi nombre es [Nombre completo del solicitante].

Good morning. My name is [Applicant's Full Name].

Entrevistador: Gracias. ¿Puedes confirmar tu dirección actual?

Thank you. Can you confirm your current address?

Solicitante: Sí, actualmente resido en [Dirección del Solicitante].

Yes, I currently reside at [Applicant's Address].

Entrevistador: Genial. Ahora, ¿podrías decirme dónde naciste y tu fecha de nacimiento?

Great. Now, could you tell me where you were born and your date of birth?

Solicitante: Nací en [País de Nacimiento] en [Fecha de Nacimiento].

I was born in [Country of Birth] on [Date of Birth].

Entrevistador: Gracias. ¿Cuánto tiempo llevas viviendo en los Estados Unidos?

Thank you. How long have you been living in the US?

Solicitante: He estado viviendo en los Estados Unidos por [número de años].

I have been living in the US for [Number of Years].

Entrevistador: Excelente. ¿Y cuál es su estado civil?

Excellent. And what is your marital status?

Solicitante: Yo soy [estado civil].

I am [Marital Status].

Entrevistador: Gracias por proporcionar esa información. Ahora, pasemos al siguiente tema.

Thank you for providing that information. Now, let's move on to the next topic.

Escenario 2: Requisitos de residencia y presencia física

Entrevistador: ¿Puede confirmar que ha mantenido su residencia continua en los EE.UU. desde que obtuvo su tarjeta verde?

Can you confirm that you have maintained continuous residence in the US since obtaining your green card?

Solicitante: Sí, he residido continuamente en los Estados Unidos desde que me convertí en residente permanente.

Yes, I have continuously resided in the US since becoming a permanent resident.

Entrevistador: ¿Ha viajado fuera de los EE.UU. por algún período prolongado durante ese tiempo?

Have you traveled outside of the US for any extended periods during that time?

Solicitante: Sí, he viajado fuera de los Estados Unidos, pero siempre para viajes cortos y nunca por un período prolongado.

Yes, I have traveled outside the US, but always for short trips and never for an extended period.

Entrevistador: ¿Puede proporcionar detalles sobre sus recientes viajes fuera de los Estados Unidos?

Can you provide details about your recent travels outside the US?

Solicitante: Por supuesto. Viajé a [destino] para [propósito del viaje] desde [fechas del viaje].

Of course. I traveled to [Destination] for [Purpose of Travel] from [Dates of Travel].

Entrevistador: Gracias por proporcionar esa información. Procedamos al siguiente tema.

Thank you for providing that information. Let's proceed to the next topic.

Hipótesis 3: Gobierno e Historia de los Estados Unidos

Entrevistador: ¿Puede hablarme de uno de los documentos fundacionales de Estados Unidos?

Can you tell me about one of the founding documents of the US?

Solicitante: Uno de los documentos fundacionales de Estados Unidos es la Declaración de Independencia, que fue adoptada el 4 de julio de 1776.

One of the founding documents of the US is the Declaration of Independence, which was adopted on July 4, 1776.

Entrevistador: Gracias. Ahora, ¿puedes nombrar una de las 13 colonias originales?

Thank you. Now, can you name one of the original 13 colonies?

Solicitante: Sí, una de las 13 colonias originales es Massachusetts.

Yes, one of the original 13 colonies is Massachusetts.

Entrevistador: Genial. Ahora, pasemos al tema final.

Great. Now, let's move on to the final topic.

Hipótesis 4: Derechos y responsabilidades de los ciudadanos estadounidenses

Entrevistador: ¿Puede nombrar un derecho garantizado por la Primera Enmienda a la Constitución de los Estados Unidos?

Can you name one right guaranteed by the First Amendment to the US Constitution?

Solicitante: Sí, un derecho garantizado por la Primera Enmienda es la libertad de expresión.

Yes, one right guaranteed by the First Amendment is freedom of speech.

Entrevistador: Gracias. Ahora, ¿puede hablarme de una responsabilidad que tienen los ciudadanos estadounidenses?

Thank you. Now, can you tell me about one responsibility that US citizens have?

Solicitante: Una responsabilidad de los ciudadanos estadounidenses es servir en un jurado cuando se les pida.

One responsibility of US citizens is to serve on a jury when called upon.

Entrevistador: Excelente. Usted ha demostrado una buena comprensión de los derechos y responsabilidades de los ciudadanos estadounidenses. Esto concluye nuestra entrevista. Gracias por su tiempo.

Excellent. You have demonstrated a good understanding of the rights and responsibilities of US citizens. That concludes our interview. Thank you for your time.

Solicitante: Gracias por la oportunidad.

Thank you for the opportunity.

Prueba de práctica 2

Hipótesis 1: Dominio del idioma inglés

Entrevistador: Me gustaría poner a prueba tu dominio del idioma inglés. ¿Puedes hablarme de tu rutina diaria?

I'd like to test your English language proficiency. Can you tell me about your daily routine?

Solicitante: Claro. Por las mañanas, normalmente me despierto, desayuno y luego me dirijo al trabajo. Trabajo como [ocupación]. Después del trabajo, paso tiempo con mi familia y a veces voy a dar un paseo por la noche.

Sure. In the mornings, I usually wake up, have breakfast, and then head to work. I work as [Occupation]. After work, I spend time with my family and sometimes go for a walk in the evening.

Entrevistador: Gracias. ¿Puede describir su fiesta o celebración favorita en los Estados Unidos?

Thank you. Can you describe your favorite holiday or celebration in the US?

Solicitante: Mis vacaciones favoritas en los Estados Unidos es el Día de la Independencia, también conocido como el 4 de julio. Es un momento en que los estadounidenses se reúnen para celebrar su libertad y su herencia.

My favorite holiday in the US is Independence Day, also known as the Fourth of July. It's a time when Americans come together to celebrate their freedom and heritage.

Entrevistador: Excelente. Tu dominio del inglés parece muy bueno. Pasemos al siguiente tema.

Excellent. Your English proficiency seems very good. Let's move on to the next topic.

Escenario 2: Gobierno e Historia de LOS ESTADOS UNIDOS

Entrevistador: ¿Puedes nombrar a uno de los padres fundadores de los Estados Unidos?

Can you name one of the founding fathers of the US?

Solicitante: Sí, uno de los padres fundadores es Thomas Jefferson.

Yes, one of the founding fathers is Thomas Jefferson.

Entrevistador: Gracias. Ahora, ¿puedes nombrar una de las 13 colonias originales?

Thank you. Now, can you name one of the original 13 colonies?

Solicitante: Sí, una de las 13 colonias originales es Pensilvania.

Yes, one of the original 13 colonies is Pennsylvania.

Entrevistador: Correcto. Procedamos al tema final.

Correct. Let's proceed to the final topic.

Hipótesis 3: Derechos y responsabilidades de los ciudadanos estadounidenses

Entrevistador: ¿Puede nombrar un derecho garantizado por la Carta de Derechos de la Constitución?

Can you name one right guaranteed by the Constitution's Bill of Rights?

Solicitante: Sí, un derecho garantizado por la Carta de Derechos es la libertad de religión.

Yes, one right guaranteed by the Bill of Rights is the freedom of religion.

Entrevistador: Gracias. Ahora, ¿puede hablarme de una responsabilidad que tienen los ciudadanos estadounidenses?

Thank you. Now, can you tell me about a responsibility that US citizens have?

Solicitante: Una responsabilidad de los ciudadanos estadounidenses es participar en el proceso democrático votando en las elecciones.

One responsibility of US citizens is to participate in the democratic process by voting in elections.

Entrevistador: Excelente. Usted ha demostrado una buena comprensión de los conceptos de ciudadanía. Esto concluye nuestra entrevista. Gracias por su tiempo.

Excellent. You have demonstrated a good understanding of citizenship concepts. That concludes our interview. Thank you for your time.

Solicitante: Gracias por la oportunidad de entrevistar.

Thank you for the opportunity to interview.

Hipótesis 4: Compromiso cívico

Entrevistador: ¿Puede explicar la importancia de votar en una democracia?

Can you explain the significance of voting in a democracy?

Solicitante: Votar es un derecho y una responsabilidad fundamentales en una democracia. Permite a los ciudadanos participar en el proceso de toma de decisiones y dar forma a la dirección de su país. Al votar, las personas pueden expresar sus opiniones y contribuir a la selección de líderes que representen sus intereses.

Voting is a fundamental right and responsibility in a democracy. It allows citizens to participate in the decision-making process and shape the direction of their country. By voting, individuals can voice their opinions and contribute to the selection of leaders who represent their interests.

Entrevistador: Gracias. Ahora, ¿puedes describir alguna experiencia que hayas tenido como voluntario en tu comunidad?

Thank you. Now, can you describe any experience you've had volunteering in your community?

Solicitante: Ciertamente. Me he ofrecido como voluntario en un banco de alimentos local, ayudando a distribuir comidas a los necesitados. Fue una experiencia gratificante retribuir a mi comunidad y apoyar a las personas que enfrentan inseguridad alimentaria.

Certainly. I have volunteered at a local food bank, helping to distribute meals to those in need. It was a rewarding experience to give back to my community and support individuals facing food insecurity.

Entrevistador: Eso es encomiable. Pasemos al siguiente escenario.

That's commendable. Let's move on to the next scenario.

Hipótesis 5: Integración cultural

Entrevistador: ¿Puedes compartir cómo has adoptado la cultura estadounidense desde que te mudaste aquí?

59

Can you share how you have embraced American culture since moving here?

Solicitante: Desde que me mudé a los Estados Unidos, he abrazado las tradiciones estadounidenses, como celebrar el Día de Acción de Gracias y el Día de la Independencia con mi familia y amigos. También he disfrutado explorando la cocina americana y aprendiendo sobre el diverso patrimonio cultural de este país.

Since moving to the US, I have embraced American traditions such as celebrating Thanksgiving and Independence Day with my family and friends. I have also enjoyed exploring American cuisine and learning about the diverse cultural heritage of this country.

Entrevistador: Gracias. Ahora, ¿puedes describir un evento cultural o festival en tu ciudad natal?

Thank you. Now, can you describe a cultural event or festival in your hometown?

Solicitante: En mi ciudad natal, celebramos [insert festival o evento], que es una celebración vibrante de nuestro patrimonio cultural. Involucra música tradicional, danza y cocina, y reúne a la comunidad en fiestas alegres.

In my hometown, we celebrate [insert festival or event], which is a vibrant celebration of our cultural heritage. It involves traditional music, dance, and cuisine, and brings the community together in joyous festivities.

Entrevistador: Eso suena maravilloso. Esto concluye nuestra entrevista. Gracias por su tiempo.

That sounds wonderful. That concludes our interview. Thank you for your time.

Solicitante: Gracias por la oportunidad de discutir estos importantes temas.

Thank you for the opportunity to discuss these important topics.

Prueba de práctica 3

Esta sección comprende un conjunto de preguntas que replican las que se le harán durante la primera parte de la entrevista, la que el funcionario de USCIS le hará preguntas que, en la mayoría de los casos, se relacionan con temas similares a los abordados al llenar la solicitud de naturalización.

Al identificar las respuestas correctas en esta sección, será más fácil para usted responder a las preguntas durante la entrevista real.

1. El Sr. John Fitzgerald Kennedy fue el 35° Presidente de los Estados Unidos.

A) ¿Cuál es el nombre del Sr. John Fitzgerald Kennedy?

b) ¿Cuál es la familia/apellido del Sr. John Fitzgerald Kennedy?

c) ¿Cuál es el segundo nombre del Sr. John Fitzgerald Kennedy?

Mr. John Fitzgerald Kennedy was the 35th President of the US.

a) What is Mr. John Fitzgerald Kennedy's first name?

b) What is Mr. John Fitzgerald Kennedy's family/last name?

c) What is Mr. John Fitzgerald Kennedy's middle name?

2. Alex nació en Canadá, pero ahora vive en Texarkana, Texas. Su dirección es 688 Hall Place, Apt. C6, Texarkana, Texas 03866.

A) ¿Cuál es el país de nacimiento de Alex?

b) ¿Dónde vive ahora Alex?

c) ¿Cuál es el nombre de la calle de Alex?

d) ¿Cuál es el número de apartamento de Alex?

e) ¿Cuál es el código postal de Alex?

2. Alex was born in Canada but now lives in Texarkana, Texas. Her address is 688 Hall Place, Apt. C6, Texarkana, Texas 03866.

a) What is Alex's country of birth?

b) Where does Alex currently live?

c) What is Alex's street name?

d) What is Alex's apartment number?

e) What is Alex's zip code?

3. Bill es carpintero en Custom Hardwood Doors. Ha estado trabajando allí durante 3 años.

A) ¿Cuál es el nombre del empleador de Bill?

b) ¿Cuál es la ocupación de Bill?

3. Bill is a carpenter at Custom Hardwood Doors. He has been working there for 3 years.

a) What is the name of Bill's Employer?

b) What is Bill's occupation?

4. Bob tiene dos hijas y un hijo. Su esposa se divorció de él el mes pasado.

A) ¿Cuántos hijos tiene Bob?

b) ¿Cuál es el estado civil de Bob?

4. Bob has two daughters and a son. His wife divorced him last month.

a) How many children does Bob have?

b) What is Bob's marital status?

5. Marisa vive en Chicago, Illinois. Anteriormente, vivía en Filadelfia, Pensilvania.

A) ¿Dónde vive ahora Marisa?

b) ¿Dónde vivía Marisa antes de eso?

5. Marisa is living in Chicago, Illinois. Previously, she lived in Philadelphia, Pennsylvania.

a) Where does Marisa live now?

b) Where did Marisa live before that?

6. Cada año, Jeff hace tres viajes. Él va a Bali, Indonesia, para recreación cada verano durante un mes. Visita a sus padres en Florida durante la Navidad durante 10 días. También visita a sus amigos en Italia durante una semana.

A) ¿Cuánto tiempo pasa Jeff fuera de los Estados Unidos cada año?

b) ¿Cuántos viajes hace fuera de los Estados Unidos?

c) ¿Qué dos países visita Jeff cada año?

d) ¿A dónde va en verano?

e) ¿Cuántos viajes hace dentro de los Estados Unidos?

f) ¿Qué estados de Estados Unidos visita Jeff cada año?

6. Every year, Jeff takes three trips. He goes to Bali, Indonesia, for recreation every summer for a month. He visits his parents in Florida during Christmas for 10 days. He also visits his friends in Italy for a week.

a) How much time does Jeff spend outside the US every year?

b) How many trips does he take outside the US?

c) Which two countries does Jeff visit each year?

d) Where does he go in summer?

e) How many trips does he take inside the US?

f) Which US states does Jeff visit each year?

Prueba de Práctica 1 - Respuestas

Pregunta 1

A) John

b) Kennedy

c) Fitzgerald

Pregunta 2

A) Canadá

b) Texas

c) Hall Place

d) C6

e) 03866

Pregunta 3

a) Puertas de madera dura personalizadas - *a) Custom Hardwood Doors*

b) Carpintero - *Carpenter*

Pregunta 4

a) 3

b) Divorciados - *divorced*

Pregunta 5

a) Chicago

b) Pensilvania

Pregunta 6

a) 5 semanas - *5 weeks*

b) 2 viajes - *2 trips*

c) Italia e Indonesia – *Italy and Indonesia*

d) Bali, Indonesia

e) Uno - one

f) Florida

Pruebas de práctica de lectura

Las siguientes son oraciones de práctica para la lectura. Contienen todas las palabras que debes saber leer. Lee las frases. Pida a un amigo o pariente que escuche para ver si está leyendo las frases correctamente. Como con todo lo demás, cuanto más practiques, mejor lo harás.

Prueba de Práctica 1

1. Pay here.

2. We want to pay.

3. We want to vote.

4. What is Flag Day?

5. Why be the first?

6. When is Labor Day?

7. Be first to vote.

8. Where is the south?

9. Where do we pay?

10. The senators are here.

11. When do people vote?

12. Where is the north?

13. Who elects Congress?

14. When is Memorial Day?

15. When does one vote?

16. What is Thanksgiving?

17. What is the Congress?

18. We lived in the south.

19. When does Flag Day come?

20. Who can be a citizen?

21. Why do people vote?

22. America is in the north.

23. The capital is a city.

24. When is Independence Day?

25. America is a country.

26. When is Presidents' Day?

27. Where is the largest city?

28. The President was here.

29. When do the people vote?

30. We can meet the President.

Prueba de Práctica 2

1. Most senators are here.

2. We can meet the Senators.

3. We want to do what is right.

4. The largest city is here.

5. Who was Abraham Lincoln?

6. The White House is here.

7. Come here on Labor Day.

8. Where is the dollar bill?

9. Who elects the US senators?

10. How does a citizen vote?

11. Where is the White House?

12. When is Independence Day?

13. The capital is in the north.

14. Name a state in the south.

15. Abraham Lincoln lived here.

16. The south has many people.

17. People lived in many states.

18. Who was George Washington?

19. Who is the first citizen?

20. A citizen has to vote here.

21. Was Abraham Lincoln a President?

22. Where do we meet the senators?

23. What is the Bill of Rights?

24. Name one right of a citizen.

25. Who lives in the White House?

26. People come in many colors.

27. What is the largest state?

28. Why do people want to vote?

29. Most states are in the north.

30. What is the largest country?

Prueba de Práctica 2

1. Senators meet in the capital.

2. The north has the most people.

3. The American flag has colors.

4. Who was the second President?

5. The people elect the Congress.

6. Abraham Lincoln was a President.

7. George Washington lived here.

8. Many states are in the south.

9. The US is a country.

10. What is the Bill of Rights?

11. Many people lived in the south.

12. The government has many senators.

13. What country is south of the US?

14. Who is the Father of Our Country?

15. Senators meet in the capital city.

16. The largest state is in the north.

17. The second name is Abraham Lincoln.

18. The government is for the people.

19. How many rights do citizens have?

20. What country is north of the US?

21. How many Senators are in Congress?

22. What is the name of the President?

23. Abraham Lincoln lived in the north.

24. Where is the capital of the country?

25. The President is the first citizen.

26. When are Columbus Day and Thanksgiving?

27. US people have many rights.

28. The President lives in the White House.

29. George Washington is on the dollar bill.

30. George Washington was the first President.

31. Presidents' Day and Memorial Day come first.

32. The second President lived in the south.

33. The capital of the US is a city.

34. How many colors does the American flag have?

35. Citizens vote for the government of America.

36. Why is George Washington on the dollar bill?

37. Abraham Lincoln was a US President.

38. What is the name of the Father of Our Country?

39. The father of our country is George Washington.

40. Where is the largest city in the US?

Pruebas de práctica de escritura

A continuación, se muestra una lista de oraciones del mismo tipo que las que se le pedirá que escriba durante el examen de escritura y se construyen con los mismos términos que se muestran en la lista oficial de vocabulario de escritura de USCIS.

Practica pidiéndole a alguien a tu lado que te lea cada frase y trata de escribirla. Cuando hayas terminado de escribir, vuelve atrás y mira las frases de los ejemplos para comprobar que las has escrito correctamente.

Prueba de Práctica 1

1. *We pay taxes.*

2. *The flag is here.*

3. *Citizens can vote.*

4. *People can be free.*

5. *Alaska is a state.*

6. *Pay for the flag.*

7. *We want to vote.*

8. *Citizens pay taxes.*

9. *We lived in Canada.*

10. *Pay here for the flag.*

11. *Most people can vote.*

12. *Flag Day is in June.*

13. *Pay for the largest flag.*

14. *The largest flag is free.*

15. *Senators vote for taxes.*

16. *One state is Delaware.*

17. *People want to be free.*

18. *Adams was President*

19. *Washington is one State.*

20. *The Senators vote here.*

21. *Citizens elect the Senators.*

22. *Alaska is the largest state.*

23. *Alaska is north of Mexico.*

24. *Mexico is south of Canada.*

25. *Memorial Day is in May.*

26. *Independence Day is in July.*

27. *Labor Day is in September.*

28. *Columbus Day is in October.*

29. *The Senators want to vote.*

30. *The White House is white.*

31. *Delaware is north of Mexico.*

32. *Citizens vote in November.*

33. *Come to the White House.*

34. *Is Canada the largest state?*

35. *American Indians can vote.*

36. *One Right is the right to vote.*

37. The largest state is Alaska.

38. Thanksgiving is in November.

39. Citizens elect the President.

40. We the citizens elect Congress.

Prueba de Práctica 2

1. The White House is here.

2. American Indians in Alaska vote.

3. The second President was Adams.

4. The right to vote is one right.

5. Citizens want freedom of speech.

6. The President meets the people.

7. The White House is in the capital.

8. US citizens pay taxes.

9. Is Washington, D.C. in Washington?

10. Congress meets in Washington, D.C.

11. California has the most people.

12. Presidents day is in February.

13. Washington is on the dollar bill.

14. Unites States citizens can vote.

15. Lincoln lived in the White House.

16. The flag is red, white and blue.

17. American Indians lived in Alaska.

18. Freedom of speech is one Right.

19. California is south of Washington.

20. The President lives in Washington, D.C.

21. New York City has the most people.

22. *Adams was the second President.*

23. *One Right is freedom of speech.*

24. *Freedom of speech is one Right.*

25. *Washington was the first President.*

26. *The first President was Washington.*

27. *The people lived in Washington.*

28. *People come during Thanksgiving.*

29. *We can come to the White House.*

30. *Canada is north of the US.*

31. *Mexico is south of the US.*

32. *Delaware is south of New York City.*

33. *New York City is in the US.*

34. *Come during Independence Day.*

35. *Most people have one dollar bill.*

36. *New York City is the largest one.*

37. *New York City is north of Delaware.*

38. *The White House is in Washington, D.C.*

39. *The US has fifty (50) states.*

40. *The President lives in the White House.*

Prueba de Práctica 3

1. *Washington is the Father of Our Country.*

2. *People come here for freedom of speech.*

3. *Congress has one hundred (100) Senators.*

4. *The White House has the largest flag.*

5. *We have the Right of freedom of speech.*

6. *The Father of Our Country is Washington.*

7. Lincoln was President during the Civil War.

8. Alaska is the largest of the 50 (fifty) states.

9. People come to the US to be free.

10. People want American Indians to vote.

11. The President meets people at the White House.

12. Citizens elect the President and the Senators.

13. The President and the Senators pay taxes.

14. During the Civil War the President was Lincoln.

15. American Indians lived first in the US.

16. The capital of the US is Washington, D.C.

17. American Indians lived in the US first.

18. One President lived in Washington D.C. and New York City.

19. Presidents' Day and Memorial Day come before Thanksgiving.

20. The one hundred (100) Senators vote in Washington, D.C.

21. Americans celebrate Columbus Day every year.

22. My grandmother meets us on Thanksgiving.

23. Every American citizen must pay his taxes.

24. I will visit Mexico during the holidays.

25. A red flag is a sign of danger.

26. My sister lives in California.

27. Labor Day is celebrated on the first Monday in September.

28. Abraham Lincoln was the 16th President of the US.

29. American citizens are free to follow any religion.

30. There are 100 senators in the upper house of Congress.

Pruebas de práctica cívica

En esta sección, encontrará 10 conjuntos de preguntas seleccionadas al azar de un grupo de 100 preguntas oficiales de USCIS. Cada conjunto contendrá 10 preguntas, ya que 10 es el número máximo de preguntas que se le podrían hacer durante el examen cívico. Es importante tener en cuenta que, en la prueba real, estas preguntas se harán oralmente, y también tendrás que responder oralmente. Además, solo necesitas responder a 6 preguntas correctamente para aprobar esta parte del examen de naturalización.

Prueba de práctica cívica 1

Preguntas:

1. ¿Cuál es la ley suprema de la nación?

2. ¿Qué hace la Constitución?

3. ¿Cuántos miembros votantes tiene la Cámara de Representantes?

4. ¿De cuántos años es el término de elección de un representante de Estados Unidos?

5. Nombre a su representante en los Estados Unidos.

6. La Constitución tiene cuatro enmiendas que abordan la cuestión de quién tiene derecho a votar. Explique uno de ellos en detalle.

7. ¿Qué fue lo que Martin Luther King Jr. logró?

8. ¿Qué evento importante ocurrió el 11 de septiembre de 2001 en los Estados Unidos?

9. Mencione una tribu de indios estadounidenses que se encuentran en los Estados Unidos.

GUÍA DE ESTUDIO DE CIUDADANÍA ESTADOUNIDENSE

10. ¿Cuál es el nombre de uno de los dos ríos que son los más largos de los Estados Unidos?

Respuestas:

Pregunta 1

- La Constitución

Pregunta 2

- Establece el gobierno
- Define el gobierno
- Protege los derechos básicos de los estadounidenses

Pregunta 3

- Cuatrocientos treinta y cinco (435)

Pregunta 4

- Dos (2)

Pregunta 5

- Las respuestas pueden variar. Si reside en un territorio con delegados o Comisionados Residentes sin derecho a voto, puede proporcionar el nombre de ese delegado o Comisionado. Alternativamente, es aceptable afirmar que el territorio no tiene representantes (votantes) en el Congreso. Para encontrar a su representante de EE.UU. por favor visite www.house.gov.

Pregunta 6

- Ciudadanos de dieciocho (18) años en adelante (pueden votar)
- Usted no tiene que pagar un impuesto electoral (*poll tax*) para votar
- Cualquier ciudadano puede votar. (Las mujeres y los hombres pueden votar.)
- Un hombre ciudadano de cualquier raza (puede votar)

Pregunta 7

- Luchó por los derechos civiles
- Trabajó por la igualdad para todos los estadounidenses

Pregunta 8

- Los terroristas atacaron a Estados Unidos

Pregunta 9

- Cherokee
- Navajo
- Sioux
- Chippewa
- Choctaw
- Pueblo
- Apache
- Iroquois
- Creek
- Blackfeet
- Seminole
- Cheyenne
- Arawak
- Shawnee
- Mohegan
- Huron
- Oneida
- Lakota
- Cuervo
- Teton
- Hopi
- Inuit

Pregunta 10

- Missouri (Río)
- Mississippi (Río)

Prueba de práctica cívica 2

Preguntas:

1. La Constitución introduce el concepto de autogobierno en las tres primeras palabras del documento. ¿Cuáles son estas palabras?

2. ¿Qué es una enmienda?

3. ¿A quién representa un senador en Estados Unidos?

4. ¿Cuáles son las razones por las que algunos Estados tienen un mayor número de representantes que otros?

5. ¿Por cuántos años elegimos a un presidente?

6. ¿Cuál es una responsabilidad que corresponde sólo a los ciudadanos de Estados Unidos?*

7. ¿En qué conflicto participó Eisenhower como general antes de su elección a la presidencia?

8. ¿Cuál fue la principal preocupación de los EE.UU. a lo largo de la época de la Guerra Fría?

9. ¿Qué movimiento social buscó poner fin a la discriminación racial?

10. En los EE.UU., ¿qué océano se encuentra en la costa oeste del país?

Respuestas:

Pregunta 1

- Nosotros, el pueblo

Pregunta 2

- Un cambio (a la Constitución)
- Una adición (a la Constitución)

Pregunta 3

- Toda la gente en el estado donde fue elegido

Pregunta 4

- (debido a) la población del estado
- (porque) tienen más gente
- (porque) algunos estados tienen más gente

Pregunta 5

- Cuatro (4)

Pregunta 6

- Servir en un jurado
- Votar en una elección federal

Pregunta 7

- II Guerra Mundial

Pregunta 8

- El comunismo

Pregunta 9

- Derechos civiles (movimiento)

Pregunta 10

- Pacífico (Océano)

Prueba de práctica cívica 3

Preguntas:

1. ¿Cuál es el nombre dado a las diez primeras enmiendas que se añadieron a la Constitución?

2. ¿Cuál es un ejemplo de un derecho o libertad garantizado por la Constitución? *

3. ¿Cuándo es el mes en que emitimos nuestros votos por el presidente? *

4. Mencione el nombre del actual presidente de los Estados Unidos de América. *

5. ¿Quién es el actual vicepresidente de los EE.UU. y cuál es su nombre?

6. Nombre un derecho cívico que es exclusivo de los ciudadanos de los Estados Unidos.

7. ¿Quién era el presidente durante la Primera Guerra Mundial?

8. Durante la Gran Depresión y la Segunda Guerra Mundial, ¿quién fue el presidente de los Estados Unidos?

9. ¿Durante la Segunda Guerra Mundial, los EE.UU. lucharon contra quién?

10. En los EE.UU., ¿qué océano se encuentra en la costa este del país?

Respuestas:

Pregunta 1

- La Carta de Derechos

Pregunta 2

- Expresión

GUÍA DE ESTUDIO DE CIUDADANÍA ESTADOUNIDENSE

- Religión
- Reunión
- Prensa
- Peticionar al gobierno

Pregunta 3

- Noviembre

Pregunta 4

- Donald J. Trump
- Donald Trump
- Trump

Pregunta 5

- JD Vance
- Vance

Pregunta 6

- Votar en una elección federal
- Postularse para a un cargo político federal

Pregunta 7

- (Woodrow) Wilson

Pregunta 8

- (Franklin) Roosevelt

Pregunta 9

- Japón, Alemania e Italia

Pregunta 10

- Atlántico (océano)

Prueba de práctica cívica 4

Preguntas:

1. ¿Cuántas enmiendas tiene la Constitución?

2. ¿Cuál fue el propósito de la Declaración de Independencia?

3. ¿Quién sucederá al presidente en caso de que no pueda seguir sirviendo?

4. ¿Quién asumirá el cargo de presidente en caso de que tanto el presidente como el vicepresidente no puedan seguir sirviendo?

5. ¿Quién ocupa el cargo de comandante en jefe de las Fuerzas Armadas de los Estados Unidos?

6. ¿Cuáles son dos derechos que se garantizan a cada persona que reside en los Estados Unidos?

7. ¿Cuál fue el efecto de la Proclamación de Emancipación?

8. ¿Cómo logró Susan B. Anthony sus metas?

9. Nombre un conflicto que los EE.UU. lucharon a lo largo de la década de 1900

10. Nombre un territorio que es parte de los EE.UU.

Respuestas:

Pregunta 1

- Veintisiete (27)

Pregunta 2

- Anunciamos nuestra independencia (de Gran Bretaña)
- Declaramos nuestra independencia (de Gran Bretaña)
- Declaramos que EE.UU. es libre (de Gran Bretaña)

Pregunta 3

- El vicepresidente

Pregunta 4

- El portavoz de la Cámara de Representantes

Pregunta 5

- El presidente

Pregunta 6

- Libertad de expresión
- Libertad de la palabra

- Libertad de reunión
- Libertad de petición al gobierno
- Libertad de religión
- El derecho a portar armas

Pregunta 7

- Liberaron a los esclavos
- Esclavos liberados en la Confederación
- Esclavos liberados en los estados confederados
- Esclavos liberados en la mayoría de los estados del sur

Pregunta 8

- Luchó por los derechos de las mujeres
- Luchó por los derechos civiles

Pregunta 9

- La Primera Guerra Mundial
- La Segunda Guerra Mundial
- La Guerra de Corea
- La Guerra de Vietnam
- La Guerra del Golfo (Pérsico)

Pregunta 10

- Puerto Rico
- Islas Vírgenes de Estados Unidos
- Samoa Estadounidense
- Islas Marianas del Norte
- Guam

Prueba de práctica cívica 5

Preguntas:

1. ¿Cuáles son dos derechos en la Declaración de la Independencia?
2. ¿Qué se entiende exactamente por el término "libertad religiosa"?
3. ¿Quién es responsable de firmar los proyectos de ley?
4. ¿Quién tiene el poder de vetar proyectos de ley?

5. ¿Cuáles son las obligaciones del Gabinete del presidente?

6. Cuando recitamos el Juramento de Lealtad, ¿es a qué demostramos nuestra lealtad?

7. Nombre del conflicto que tuvo lugar en los EE.UU. entre el Norte y el Sur.

8. Por favor, nombre uno de los temas que contribuyeron al estallido de la Guerra Civil.

9. ¿Cuál de las acciones de Abraham Lincoln fue considerada como la más significativa? *

10. ¿Puede nombrar un estado que comparte una frontera con Canadá?

Respuestas:

Pregunta 1

- La vida
- Libertad
- Búsqueda de la felicidad

Pregunta 2

- Puedes practicar cualquier religión, o no practicar una religión

Pregunta 3

- El presidente

Pregunta 4

- El presidente

Pregunta 5

- Asesorar al presidente

Pregunta 6

- Estados Unidos
- La bandera

Pregunta 7

- La Guerra Civil
- La guerra entre los Estados

Pregunta 8

- Esclavitud
- Razones económicas
- Derechos de los Estados

Pregunta 9

- Liberó a los esclavos (Proclamación de Emancipación)
- Salvó (o preservó) la Unión
- Lideró los EE.UU. durante la Guerra Civil

Pregunta 10

- Maine
- Nueva Hampshire
- Vermont
- Nueva York
- Pensilvania
- Ohio
- Michigan
- Minnesota
- Dakota del Norte
- Montana
- Idaho
- Washington
- Alaska

Prueba de práctica cívica 6

Preguntas:

1. ¿Qué tipo de sistema económico tiene EE.UU.? *

2. ¿Por qué se llama el "estado de derecho"?

3. ¿Cuáles son dos puestos a nivel de gabinete?

4. ¿Cuál es una promesa que usted hace cuando se convierte en ciudadano de Estados Unidos?

5. ¿Qué hace la Rama Judicial? (el Poder Judicial)

6. ¿Cuál es el tribunal más importante de Estados Unidos?

7. ¿Quién fue el primer presidente?

8. Los EE.UU. compraron una cierta tierra de Francia en el año 1803. ¿Cuál?

9. Mencione <u>una</u> guerra en la que combatió Estados Unidos durante los años 1800.

10. Mencione <u>un</u> estado que tiene frontera con México.

Respuestas:

Pregunta 1

- Economía capitalista
- Economía de mercado

Pregunta 2

- Todos deben seguir la ley
- Los líderes deben obedecer la ley
- El gobierno debe obedecer la ley
- Nadie está por encima de la ley

Pregunta 3

- Secretario de Agricultura
- Secretario de Comercio
- Secretario de Defensa
- Secretario de Educación
- Secretario de Energía
- Secretario de Salud y Servicios Humanos
- Secretario de Seguridad Nacional
- Secretario de Vivienda y Desarrollo Urbano
- Secretario del Interior
- Secretario de Trabajo
- Secretario de Estado
- Secretario de Transporte
- Secretario del Tesoro (de Hacienda)
- Secretario de Asuntos de los Veteranos
- Procurador general (Fiscal General)
- Vicepresidente

Pregunta 4

- Renunciar a la lealtad a otros países
- Defender la Constitución y las leyes de los Estados Unidos

- Obedecer las leyes de los Estados Unidos
- Servir en las Fuerzas Armadas de los EE.UU. (de ser necesario)
- Servir (hacer un trabajo importante para) la nación (de ser necesario)
- Ser leal a los Estados Unidos

Pregunta 5

- Revisa las leyes
- Explica las leyes
- Resuelve disputas (desacuerdos)
- Decide si una ley va en contra de la Constitución

Pregunta 6

- El Tribunal Supremo (Corte Suprema)

Pregunta 7

- (George) Washington

Pregunta 8

- El Territorio de Luisiana
- Luisiana

Pregunta 9

- Guerra de 1812
- Guerra entre México y Estados Unidos
- Guerra civil
- Guerra hispano estadounidense

Pregunta 10

- California
- Arizona
- Nuevo México
- Texas

Prueba de práctica cívica 7

Preguntas:

1. Nombre una rama o parte del gobierno*

2. ¿Qué es lo que evita que una rama del gobierno se vuelva demasiado poderosa?

3. ¿Cuántos jueces hay en el Tribunal Supremo?

4. ¿Quién es el juez presidente actual del Tribunal Supremo de Estados Unidos?

5. De acuerdo con nuestra Constitución, algunos poderes pertenecen al gobierno federal. ¿Cuál es un poder del gobierno federal?

6. ¿Cuántos años tienen que tener los ciudadanos para votar por el presidente? *.

7. Los escritos conocidos como "Los Documentos Federalistas" respaldaron la aprobación de la Constitución de Estados Unidos. Nombre uno de sus autores.

8. Mencione <u>una</u> razón por la que es famoso Benjamin Franklin.

9. ¿Quién se conoce como el "Padre de Nuestra Nación"?

10. ¿Cuál es la capital de Estados Unidos? *.

Respuestas:

Pregunta 1

- Congreso
- Poder Legislativo
- Presidente
- Poder Ejecutivo
- Los tribunales
- Poder Judicial

Pregunta 2

- Pesos y contrapesos
- Separación de poderes

Pregunta 3

- Nueve (9)

Pregunta 4

- John Roberts
- John G. Roberts, Jr.

Pregunta 5

- Imprimir dinero
- Declarar la guerra

- Para crear un ejército
- Hacer tratados

Pregunta 6

- Dieciocho (18) y mayores

Pregunta 7

- (James) Madison
- (Alexander) Hamilton
- (John) Jay
- Publius

Pregunta 8

- Diplomático estadounidense
- Miembro de mayor edad de la Convención Constitucional
- Primer director general de Correos de Estados Unidos
- Autor de "*Poor Richard's almanac*" (Almanaque del Pobre Richard)
- fundó las primeras bibliotecas gratuitas

Pregunta 9

- (George) Washington

Pregunta 10

- Washington, D.C.

Prueba de práctica cívica 8

Preguntas:

1. ¿Quién ocupa el cargo de jefe del poder ejecutivo?

2. ¿Quién es responsable de redactar leyes federales?

3. De acuerdo con nuestra Constitución, ciertos poderes deben ser delegados a los estados. ¿Cuál es uno de los poderes que poseen los estados?

4. ¿Quién está sirviendo ahora como Gobernador de su estado?

5. ¿Cuál es el nombre de la capital del estado en su estado?

6. ¿Cuáles son las dos formas en que los ciudadanos de los Estados Unidos pueden participar en su proceso democrático?

7. Nombre <u>tres</u> de los estados originales.

8. En la Convención Constitucional, ¿cuáles fueron los acontecimientos que tuvieron lugar?

9. ¿Sabes cuándo se escribió la Constitución?

10. ¿Cuál es la ubicación de la Estatua de la Libertad?

Respuestas:

Pregunta 1

- El presidente

Pregunta 2

- Congreso
- Senado y Cámara de Representantes
- Legislatura (estadounidense o nacional)

Pregunta 3

- Proporcionar escolarización y educación
- Proporcionar protección (policía)
- Proporcionar seguridad (departamentos de bomberos)
- Otorgar licencias de conducir
- Aprobar la zonificación y el uso de la tierra

Pregunta 4

- Las respuestas serán diferentes. Los residentes del Distrito de Columbia deben declarar que D.C. carece de un gobernador. Para localizar al Gobernador de su estado, por favor visite usa.gov/states-and-territories.

Pregunta 5

- Habrá una variedad de respuestas. Los residentes del Distrito de Columbia deben responder afirmando que el Distrito de Columbia no es un estado y carece de capital. Es responsabilidad de las personas que viven en territorios estadounidenses identificar la capital de sus respectivos territorios.

Pregunta 6

- Votación

- Únete a un partido político
- Ayuda con una campaña
- Únete a un grupo cívico
- Únete a un grupo comunitario
- Dar a un funcionario elegido su opinión sobre un tema
- Llame a Senadores y Representantes
- Apoyar públicamente u oponerse a un tema o política
- Postularse a un cargo político
- Escribe a un periódico

Pregunta 7

- Nueva Hampshire
- Massachusetts
- Rhode Island
- Connecticut
- Nueva York
- Nueva Jersey
- Pensilvania
- Delaware
- Maryland
- Virginia
- Carolina del Norte
- Carolina del Sur
- Georgia

Pregunta 8

- Se redactó la Constitución
- Los Padres Fundadores redactaron la Constitución

Pregunta 9

- 1787

Pregunta 10

- El puerto de Nueva York
- Liberty Island

- [También son aceptables Nueva Jersey, cerca de la ciudad de Nueva York y el río Hudson.]

Prueba de práctica cívica 9

Preguntas:

1. ¿Cuáles son las dos cámaras que componen el Congreso de los Estados Unidos?

2. ¿Cuál es el número total de senadores en los EE.UU.?

3. ¿Cuál es el último día en que puede presentar sus solicitudes de impuesto federal sobre la renta? *

4. ¿Por qué los colonos se involucraron en conflictos con los británicos?

5. ¿Quién es reconocido como el autor principal de la Declaración de Independencia?

6. ¿Cuándo fue adoptada la Declaración de Independencia?

7. ¿Quiénes eran las personas que vivían en América antes de la llegada de los europeos?

8. ¿Qué grupo de personas fueron traídas a los Estados Unidos de América y vendidas como esclavos?

9. ¿Cuándo celebramos el Día de la Independencia? *

10. Por favor, nombre dos días festivos nacionales que se celebran en los Estados Unidos.

Respuestas:

Pregunta 1

- El Senado y la Cámara (de Representantes)

Pregunta 2

- Cien (100)

Pregunta 3

- el 15 de abril

Pregunta 4

- Debido a los altos impuestos (impuestos sin representación)
- Porque el ejército británico se alojaba en sus casas (alojándose, acuartelándose)
- Porque no tenían gobierno propio

Pregunta 5

- (Thomas) Jefferson

Pregunta 6

- 4 de julio de 1776

Pregunta 7

- Indios estadounidenses
- Los nativos estadounidenses

Pregunta 8

- Africanos
- Gente de África

Pregunta 9

- 4 de julio

Pregunta 10

- Día de Año Nuevo
- Martin Luther King, Jr.
- Día de los presidentes
- Día de los Caídos
- El día de junio
- Día de la Independencia
- Día del Trabajo
- Día de Colón
- Día de los Veteranos
- Acción de Gracias
- Navidad

Prueba de práctica cívica 10

Preguntas:

1. ¿Por cuántos años elegimos a un senador para servir en el Senado de los Estados Unidos?

2. ¿Quién está sirviendo ahora como senador para su estado individual? *

3. ¿Qué dos partidos políticos se consideran los más influyentes en los Estados Unidos? *

4. ¿A qué partido político pertenece el presidente?

5. ¿Cuál es el nombre actual de la persona que sirve como presidente de la Cámara de Representantes?

6. ¿En qué marco de tiempo se requiere que todos los hombres se registren para el Servicio Selectivo?

7. ¿Cuál fue una de las razones por las que los colonos emigraron a las Américas?

8. ¿Cuál es el significado de las 13 franjas de la bandera?

9. ¿Cuál es la razón de las cincuenta estrellas de la bandera? *

10. ¿Puedes decirme el nombre del himno nacional que cantas?

Respuestas:

Pregunta 1

- Seis (6)

Pregunta 2

- Las respuestas pueden diferir. Si usted reside en el Distrito de Columbia o en un territorio estadounidense, indique que D.C. (o el territorio específico) no tiene senadores estadounidenses. Para localizar a los senadores estadounidenses de su estado, por favor visite senate.gov.

Pregunta 3

- Demócrata y republicana

Pregunta 4

- Republicano (Partido)

Pregunta 5

- Mike Johnson
- Johnson

- James Michael Johnson (nombre de nacimiento)

Pregunta 6

- A los dieciocho (18) años
- Entre dieciocho (18) y veintiséis (26)

Pregunta 7

- Libertad
- Libertad política
- Libertad religiosa
- Oportunidad económica
- Practicar su religión
- Escapa de la persecución

Pregunta 8

- Porque había 13 colonias originales
- Porque las franjas representan las colonias originales

Pregunta 9

- Porque hay una estrella para cada estado
- Porque cada estrella representa un estado
- Porque hay 50 estados

Pregunta 10

- *The Star-Spangled Banner*

Estrategias mejoradas de preparación de pruebas

8

Convertirse en ciudadano estadounidense es un objetivo importante, y lograr el éxito en el proceso de naturalización requiere no solo conocimiento, sino también estrategias efectivas de preparación de pruebas. En este capítulo, exploraremos estrategias mejoradas de preparación de pruebas, centrándonos en dos aspectos cruciales: Manejar la ansiedad durante la prueba y optimizar la memorización y el tiempo de estudio. Estas estrategias están diseñadas para empoderar a las personas con las herramientas que necesitan para abordar la prueba de ciudadanía estadounidense con confianza y éxito.

Manejo del estrés y la ansiedad durante la prueba

La ansiedad por el examen es un fenómeno común que surge del miedo al fracaso, la presión para desempeñarse o las preocupaciones sobre el cumplimiento de las expectativas. Reconocer los signos de ansiedad por las pruebas es el primer paso para abordar este desafío. Los síntomas pueden incluir latidos cardíacos rápidos, respiración superficial, sudoración, dificultad para concentrarse y pensamientos negativos. Al reconocer estos signos, las personas pueden tomar medidas proactivas para controlar la ansiedad y optimizar su rendimiento durante la prueba de naturalización. Estas son algunas estrategias para ayudarle a navegar y mitigar la ansiedad, asegurando una experiencia de naturalización más segura y exitosa.

1. **Practica técnicas de Mindfulness:** Estar completamente inmerso en el momento es un componente esencial de la atención plena, que permite concentrarse en el trabajo en cuestión y reduce los sentimientos de ansiedad. Desarrolle el hábito de incorporar prácticas de atención plena en su rutina diaria, como la meditación y las

actividades que incluyen la respiración profunda. Participar en estas actividades puede ayudar a calmar sus nervios.

2. **Simular condiciones de prueba:** El miedo a lo desconocido puede contribuir a la ansiedad ante el examen. Para aliviar esto, familiarícese con el entorno de prueba simulando las condiciones de prueba durante sus sesiones de práctica. Utilice un temporizador, siéntese en un espacio tranquilo y cumpla con las mismas reglas y regulaciones que encontrará durante la prueba real. Cuanto más familiarizado esté con las condiciones de prueba, más seguro y en control se sentirá.

3. **Visualización positiva:** La visualización constituye una poderosa herramienta contra la ansiedad. Tómese el tiempo para visualizarse con éxito navegando la prueba. Imagina la sala de pruebas, recuerda tus respuestas preparadas e imagina la sensación de logro después de completar cada sección. La visualización positiva puede aumentar la confianza, crear una mentalidad positiva y reducir la ansiedad.

4. **Establecer una rutina de preprueba:** Es posible enviar una señal a su cerebro de que es hora de realizar mediante el desarrollo de una rutina de preprueba usted mismo. Ya sea que se trate de unos momentos de ejercicio ligero, escuchar música calmante o revisar algunos conceptos clave, tener una rutina consistente puede ayudarlo a relajarse y concentrarse antes de ingresar al entorno de prueba.

5. **Manténgase positivo:** Mantén una mentalidad positiva recordándote tus logros y el esfuerzo que has invertido en prepararte para la prueba. Las afirmaciones positivas pueden contrarrestar los pensamientos negativos y fomentar la confianza. Concéntrate en el progreso que has hecho y en el conocimiento que has adquirido, reforzando la idea de que estás bien preparado para el examen de naturalización.

6. **Desglosa la prueba:** Como alternativa a ver la prueba completa como una tarea intimidante, debes dividirla en partes que sean más factibles. Concéntrese en una pregunta a la vez, y aborde la prueba como una serie de desafíos más pequeños. Este enfoque puede aliviar los sentimientos de estar abrumado y ayudarlo a concentrarse en cada pregunta sin distraerse por el alcance general de la prueba.

7. **Busque apoyo:** Compartir sus preocupaciones y sentimientos con amigos, familiares o un grupo de apoyo puede proporcionar una perspectiva y un estímulo valiosos. Hablar de sus ansiedades le permite expresar sus emociones y recibir apoyo, reduciendo la sensación de aislamiento que la ansiedad puede traer. Saber que otros creen en tus capacidades puede aumentar tu confianza.

8. **Utilice técnicas de relajación:** Incorpore técnicas de relajación en su rutina para aliviar la tensión física y promover una sensación de calma. Técnicas como la relajación muscular progresiva o las imágenes guiadas pueden ser particularmente

eficaces. La práctica regular de estas técnicas puede contribuir a la reducción general del estrés y mejorar su capacidad para controlar la ansiedad durante la prueba.

Optimización de la memorización y el tiempo de estudio

La memorización efectiva y el uso eficiente del tiempo de estudio son fundamentales para dominar el conocimiento requerido para la prueba de naturalización. Esta sección se centra en estrategias para optimizar la memorización y el tiempo de estudio, proporcionando una guía completa para mejorar su preparación y aumentar sus posibilidades de éxito.

1. Crear un programa de estudio

La base del estudio eficaz es un plan de estudio bien organizado y realista. Desarrolle un programa alineado con su rutina diaria, considerando el trabajo, los compromisos familiares y las preferencias personales. Establezca metas específicas y alcanzables para cada sesión de estudio y asigne tiempo dedicado para su revisión. La consistencia es clave: Mantener un horario de estudio regular ayuda a reforzar su comprensión del material a lo largo del tiempo.

Divida su plan de estudio en distintas fases, que cubren diferentes áreas temáticas o secciones de la prueba de naturalización. Por ejemplo, concéntrese en la historia y el gobierno de los Estados Unidos en una sesión y el dominio del idioma inglés en otra. Este enfoque estructurado garantiza una preparación equilibrada y exhaustiva.

2. Utilice técnicas de aprendizaje activo

Participe en el aprendizaje activo para profundizar su comprensión y mejorar la memorización. El aprendizaje pasivo, como simplemente leer o escuchar, es menos efectivo que interactuar activamente con el material. Considere las siguientes técnicas de aprendizaje activo:

- **Síntesis:** Explica conceptos clave con tus propias palabras. Este proceso refuerza su comprensión y ayuda a consolidar la información.
- **Enseñanza:** Enseñe el material a otra persona. Explicar conceptos a otros requiere una comprensión integral, solidificando su conocimiento.
- **Tarjetas de memoria:** Crea tarjetas con preguntas por un lado y respuestas por el otro. Este enfoque facilita la autocuestionamiento y promueve el recuerdo de la memoria.

El aprendizaje activo no solo mejora tu comprensión del material, sino que también hace que tus sesiones de estudio sean más dinámicas y atractivas.

3. Implemente la técnica de repetición espaciada

Aproveche la técnica de repetición espaciada para optimizar la memorización. Este enfoque implica examinar el material a intervalos que aumentan en frecuencia a lo largo del tiempo. En lugar de abarrotar todo el material de estudio a la vez, espacie sus sesiones de revisión. La técnica de repetición espaciada promueve la retención a largo plazo, asegurando que recuerde la información de manera más efectiva al volver a revisarla a intervalos estratégicamente espaciados.

Utilice tarjetas o plataformas digitales que incorporan algoritmos de repetición espaciada para adaptar sus sesiones de estudio en función de su curva de aprendizaje individual. Esta técnica es particularmente efectiva para memorizar fechas, eventos históricos y otra información fáctica.

4. Desarrollar dispositivos Mnemonic

Los dispositivos mnemónicos son ayudas de memoria que vinculan información compleja con señales más fáciles de recordar. Cree acrónimos, rimas o asociaciones visuales para ayudar a recordar detalles específicos. Los dispositivos mnemónicos son especialmente útiles para memorizar listas, secuencias o información compleja.

Por ejemplo, para recordar los nombres de las primeras diez enmiendas a la Constitución de los Estados Unidos, cree un mnemónico usando la primera letra de cada enmienda: "B enferma de R ights: F reedom de R eligion, F reedom de S peech, R ight a B ear A rms..."

5. Establezca una variedad de Recursos de Estudio

Diversifique sus recursos de estudio para satisfacer diferentes estilos de aprendizaje y preferencias. Combine libros de texto tradicionales, recursos en línea, videos y herramientas interactivas para reforzar su comprensión desde diversas perspectivas. El uso de recursos multimedia puede hacer que sus sesiones de estudio sean más atractivas y efectivas.

Explore plataformas en línea de buena reputación, como sitios web oficiales del gobierno, videos educativos y cuestionarios interactivos, para complementar sus materiales de estudio primarios. Los diversos formatos se adaptarán a diferentes aspectos de su aprendizaje, mejorando la comprensión y la retención.

6. Practica regularmente con las pruebas Mock

Incorpore pruebas de práctica regulares en su rutina de estudio. Las pruebas simuladas simulan las condiciones de la prueba de naturalización real, proporcionando una valiosa oportunidad para evaluar sus conocimientos y familiarizarse con el formato de la prueba. Los beneficios de incorporar pruebas simuladas en su plan de estudio incluyen:

- **Identificación de áreas débiles:** Las pruebas simuladas revelan áreas en las que puede necesitar un enfoque o revisión adicional.
- **Mejorar la gestión del tiempo:** A través del uso de exámenes de práctica, puede mejorar sus habilidades de gestión del tiempo y asegurarse de dedicar una cantidad adecuada de tiempo a cada área.
- **Fomento de la confianza:** Completar con éxito las pruebas de práctica aumenta la confianza y reduce la ansiedad sobre la prueba real.

Utilice materiales de práctica oficiales proporcionados por USCIS para asegurar la exactitud y alineación con el contenido de la prueba de naturalización.

7. Centrarse en las áreas débiles

Identifique sus áreas más débiles basándose en pruebas de práctica y asigne tiempo de estudio adicional para reforzar esos conceptos específicos. Priorice sus esfuerzos en función de las áreas que contribuyen significativamente al contenido general de la prueba. Al abordar las debilidades al principio de su preparación, usted construye una base sólida y aumenta su confianza general.

Utilice los comentarios de las pruebas de práctica para guiar sus sesiones de estudio. Si ciertas preguntas plantean desafíos consistentemente, profundiza en esos temas. Un enfoque específico y estratégico asegura que maximiza la efectividad de su tiempo de estudio.

8. Crear una ayuda de estudio visual

Las ayudas visuales pueden mejorar la memorización y servir como herramientas de referencia rápida durante su revisión final. Desarrolle una ayuda de estudio visual, como un mapa mental o un gráfico conceptual, para organizar la información visualmente. Esta representación visual le ayuda a ver las conexiones entre diferentes conceptos y refuerza la estructura de su conocimiento.

Usa colores, diagramas e imágenes para que tu estudio visual sea más atractivo y memorable. El acto de crear la ayuda visual en sí contribuye a su comprensión y retención del material.

9. Únete a los grupos de estudio

Considere unirse a un grupo de estudio para complementar sus esfuerzos de estudio individuales. Los grupos de estudio brindan la oportunidad de discutir conceptos con sus compañeros, compartir ideas y beneficiarse de diversas perspectivas. Participar en discusiones grupales ayuda a reforzar su comprensión del material a través de la participación activa y la colaboración.

Elija a los miembros del grupo de estudio que estén comprometidos con el proceso de preparación y tengan una mentalidad positiva y colaborativa. Comparta sus fortalezas y aprenda de los demás, creando un ambiente de apoyo para el crecimiento mutuo.

10. Toma descansos

Si bien mantener un programa de estudio consistente es crucial, incorporar breves pausas en sus sesiones de estudio es igualmente importante. Las pausas ayudan a prevenir el agotamiento y a mantener la concentración y la concentración. Usa este tiempo para estirarte, dar una caminata corta o participar en una actividad diferente para refrescar tu mente.

Hay una estrategia bien conocida para manejar el tiempo llamado la Técnica Pomodoro. Esta técnica implica trabajar en intervalos concentrados de 25 minutos, seguido de un breve descanso. Debe probar una variedad de intervalos a lo largo del tiempo para determinar cuál es el mejor para usted, asegurándose de que las interrupciones conduzcan a una mayor producción.

11. Evalúe sus técnicas de estudio

Evalúe regularmente la efectividad de sus técnicas de estudio y esté abierto a ajustar su enfoque. Si ciertos métodos resultan menos productivos, explore estrategias alternativas para mantener sus sesiones de estudio dinámicas y atractivas. Experimenta con diferentes enfoques para determinar qué es lo que más resuena con tu estilo de aprendizaje.

Considera buscar comentarios de los miembros del grupo de estudio o mentores que puedan proporcionar información sobre tus hábitos de estudio. La disposición a adaptar y refinar sus técnicas de estudio garantiza la mejora continua durante toda su preparación.

12. Establezca metas realistas

Establezca metas realistas y alcanzables para cada sesión de estudio. Divide tu plan de estudio en tareas más pequeñas, lo que facilita el seguimiento de tu progreso y mantener la motivación. Celebre pequeñas victorias en el camino, reconociendo el esfuerzo que pone en cada sesión de estudio. Establecer metas realistas contribuye a una mentalidad positiva y refuerza su compromiso con el proceso de preparación de la naturalización.

Evitar los escollos comunes

Embarcarse en el viaje hacia la ciudadanía estadounidense es una tarea importante, y navegar por el proceso de naturalización requiere una cuidadosa atención a los detalles. En este capítulo, exploraremos las trampas comunes que los solicitantes pueden encontrar y proporcionaremos orientación sobre cómo evitarlas.

Principales razones para la denegación de la aplicación y cómo evitarlas

1. Aplicación incompleta o inexacta

Una de las razones principales para la denegación de la solicitud se deriva de formularios incompletos o inexactos. La aplicación N-400 exige una atención meticulosa al detalle, y cualquier información o error que falte puede llevar a complicaciones en el proceso de naturalización.

Estrategia de evitación: Para superar este obstáculo, los solicitantes deben llevar a cabo una revisión exhaustiva de la solicitud N-400 antes de la presentación. Este proceso de revisión debe incluir la verificación de la integridad, exactitud y consistencia en la información proporcionada. Buscar ayuda de profesionales legales o utilizar recursos proporcionados por USCIS puede mejorar aún más la comprensión del solicitante de los requisitos de la solicitud. Tomarse el tiempo para garantizar que todos los campos se llenen de forma precisa y completa es una inversión en el éxito del viaje de naturalización.

2. Incumplimiento de los requisitos de residencia

Cumplir con los requisitos de residencia continua y presencia física es fundamental para el proceso de naturalización. No mantener una residencia permanente en los EE.UU. durante el período requerido puede ser un obstáculo importante para la ciudadanía.

Estrategia de evitación: Para evitar este escollo, los solicitantes deben permanecer atentos a cumplir con los requisitos de residencia continua y presencia física. Mantener registros detallados de viajes, direcciones y cualquier estancia prolongada fuera de los EE.UU. es crucial para mantener el cumplimiento. Mantener una residencia permanente en el país durante el período estipulado demuestra el compromiso con los requisitos y posiciones del solicitante para una solicitud de naturalización exitosa.

3. Falta de buen carácter moral

Mantener un buen carácter moral es una piedra angular de la elegibilidad para la ciudadanía estadounidense. Participar en actividades delictivas, no pagar impuestos o violar las leyes estadounidenses puede poner en peligro el carácter moral de un solicitante y llevar a la negación.

Estrategia de evitación: Para evitar este posible escollo, los solicitantes deben priorizar el comportamiento ético y el cumplimiento de las leyes estadounidenses. Abordar cualquier problema legal con prontitud y consultar con un abogado de inmigración si hay preocupaciones sobre el carácter moral puede ser instrumental en la navegación de este aspecto del proceso de solicitud. Demostrar un compromiso con la conducta legal y los valores sociales fortalece el caso del solicitante para la naturalización.

4. No aprobar el examen de inglés o civismo

El examen de dominio del idioma inglés y el examen cívico son componentes integrales del proceso de naturalización. No demostrar el dominio requerido en inglés o conocimiento cívico puede resultar en negación.

Estrategia de evitación: La preparación integral para las pruebas de lengua inglesa y cívica es clave para evitar este obstáculo. El uso de materiales de estudio proporcionados por USCIS, la práctica regular y la participación en grupos de estudio puede mejorar significativamente el conocimiento y la preparación del solicitante. La familiaridad con los formatos de prueba y la preparación específica en áreas de debilidad contribuyen a un resultado exitoso en estos componentes cruciales del proceso de naturalización.

5. No asistir a la cita de Biometría o Entrevista

La asistencia oportuna a las citas y entrevistas biométricas es crucial para un proceso de naturalización sin problemas. El no aparecer según lo programado puede resultar en complicaciones y puede conducir a la negación.

Estrategia de evitación: Para evitar este escollo, los solicitantes deben marcar todas las fechas importantes en sus calendarios y priorizar la asistencia a las citas y entrevistas biométricas. En los casos en que puedan surgir conflictos o problemas, es esencial una comunicación rápida con USCIS para reprogramar y explicar cualquier impedimento. Priorizar la asistencia subraya el compromiso del solicitante con el proceso de naturalización.

6. Presencia ilegal en los Estados Unidos

La acumulación de presencia ilegal en los Estados Unidos, como el exceso de visas o la violación de las leyes de inmigración, puede ser una barrera significativa para la naturalización.

Estrategia de evitación: La adhesión a las leyes de inmigración de los Estados Unidos es fundamental para evitar la presencia ilegal. Buscar asesoramiento legal si hay preocupaciones sobre el estatus migratorio y abordar posibles problemas antes de solicitar la naturalización puede prevenir complicaciones. Un registro de inmigración limpio es fundamental para una solicitud de naturalización exitosa.

7. Cuestiones financieras

Las obligaciones financieras pendientes, incluidos los impuestos no pagados o la manutención de los hijos, pueden afectar la elegibilidad del solicitante para la ciudadanía estadounidense.

Estrategia de evitación: Mantenerse al día con las obligaciones financieras, como los impuestos y los pagos de manutención de los hijos es primordial. Abordar cualquier deuda pendiente y consultar con un asesor financiero si es necesario demuestra la responsabilidad financiera y aumenta las posibilidades de un solicitante de un resultado de naturalización favorable.

8. Falta de registro para el servicio selectivo (solo hombres)

Los hombres elegibles están obligados a registrarse para el Servicio Selectivo, y el no hacerlo puede conducir a la denegación de la naturalización.

Estrategia de evitación: Es crucial asegurar que los hombres elegibles se registren para el Servicio Selectivo antes de los 26 años. Este requisito se aplica a la mayoría de los hombres de 18 a 25 años. No registrarse puede resultar en la descalificación de la ciudadanía estadounidense, lo que hace que el registro a tiempo sea imperativo.

9. Tergiversación o fraude

Proporcionar información falsa o engañosa durante el proceso de solicitud es un delito grave que puede conducir a la negación y consecuencias legales.

Estrategia de evitación: La honestidad en todo el proceso de solicitud es primordial. Proporcionar información veraz y precisa garantiza credibilidad y confianza a los ojos de USCIS. La tergiversación o el fraude pueden llevar a graves consecuencias, incluyendo la denegación de la ciudadanía y posibles acciones legales. Mantener la integridad durante todo el proceso de solicitud no es solo un requisito legal sino un reflejo del compromiso del solicitante con los valores de la ciudadanía estadounidense.

Errores a evitar en las entrevistas

1. Falta de preparación

Error: Uno de los errores más comunes es llegar a la entrevista poco preparada. La falta de preparación puede manifestarse de varias maneras, desde no estar familiarizado con las preguntas que se pueden hacer hasta no revisar la propia solicitud a fondo.

Estrategia de evitación: La preparación es clave para una entrevista exitosa. Los solicitantes deben revisar minuciosamente su solicitud, prestando atención a detalles como fechas, direcciones y otra información personal. Igualmente, importante es estudiar los materiales proporcionados, incluyendo la Constitución de los Estados Unidos, la Declaración de Derechos y otros documentos relevantes. Practicar posibles preguntas de entrevista con un amigo o familiar también puede ayudar a crear confianza y preparación para la entrevista real.

1. Falta de comprensión de las preguntas

Error: Las preguntas de malentendido durante la entrevista pueden llevar a proporcionar respuestas inexactas o incompletas. Esto puede ocurrir debido al nerviosismo o a la falta de claridad sobre la pregunta que se hace.

Estrategia de evitación: Escuchar atentamente y garantizar una comprensión clara de cada pregunta es fundamental. Si un solicitante no está seguro sobre el significado de una pregunta, es perfectamente aceptable pedir aclaraciones al entrevistador. Proporcionar respuestas reflexivas y precisas requiere una comprensión clara de las preguntas planteadas, y la búsqueda de aclaraciones demuestra un compromiso con la precisión.

2. Olvidando sus documentos originales en el día de la entrevista

La presentación de todos los documentos necesarios para apoyar la información proporcionada durante la solicitud es crucial durante la entrevista. La falta de presentación de documentos esenciales puede dejar una impresión negativa en el oficial y podría conducir potencialmente al rechazo de la solicitud.

Estrategia de evitación: Para evitar este error, asegúrese de tener todos los documentos necesarios con usted el día de la entrevista. Esto incluye el aviso de su cita para la entrevista, el Formulario I-551 (Tarjeta de Residente Permanente), la identificación emitida por el estado (como una licencia de conducir), y todos los pasaportes y documentos de viaje válidos y caducados que documentan sus ausencias de los Estados Unidos desde que se convirtió en residente permanente. Revise la lista de verificación de documentos de USCIS (Formulario M-477) para ver los documentos adicionales que se puedan requerir.

Al preparar y organizar a fondo sus documentos con anticipación, puede demostrar su preparación y atención al detalle al oficial de la entrevista.

3. Vestirse inapropiado

Su aparición durante la entrevista es un aspecto importante de hacer una impresión positiva en el oficial de la entrevista. La vestimenta inadecuada puede restar valor a su profesionalismo y puede reflejar mal su candidatura a la ciudadanía.

Estrategia de evitación: El día de la entrevista, viste con atuendo formal para transmitir profesionalismo y respeto por el proceso. Evite usar artículos de ropa como jeans, pantalones cortos, pantalones de sudadera, camisetas sin mangas, chanclas, o camisetas con impresiones inapropiadas. En su lugar, opte por un atuendo cómodo pero formal, como un atuendo casual o formal de negocios. Elige ropa limpia, ordenada y libre de gráficos ofensivos u distractores. Al vestirse apropiadamente para la ocasión, usted demuestra su seriedad y disposición para la ciudadanía estadounidense.

4. Exceso de confianza o nerviosismo

Error: Encontrar el equilibrio adecuado entre confianza y humildad es esencial durante la entrevista. Los solicitantes pueden parecer demasiado seguros, potencialmente arrogantes, o mostrar nerviosismo excesivo, lo que puede afectar la calidad de sus respuestas.

Estrategia de evitación: Lograr un equilibrio entre confianza y humildad. La confianza debe basarse en la preparación y en una comprensión genuina del material. Participar en entrevistas simuladas, practicar técnicas de relajación y visualizar una experiencia de entrevista positiva puede ayudar a controlar el nerviosismo. Un comportamiento equilibrado y seguro de sí mismo contribuye a una impresión positiva en el entrevistador.

5. Inconsistencias con la aplicación

Error: Proporcionar información inconsistente durante la entrevista en comparación con lo que se presentó en la solicitud puede plantear preocupaciones y puede conducir a un mayor escrutinio.

Estrategia de evitación: La coherencia es crucial. Los solicitantes deben asegurarse de que sus respuestas se ajustan a la información proporcionada en su solicitud. Revisar la solicitud antes de la entrevista puede ayudar a refrescar la memoria y evitar inconsistencias inadvertidas. Si ha habido cambios o actualizaciones desde la presentación de la solicitud, los solicitantes deben estar preparados para explicarlos de manera clara y transparente.

6. Incapacidad para hablar o entender inglés

Error: La capacidad de hablar y entender inglés es un requisito fundamental para la ciudadanía estadounidense. La incapacidad de comunicarse eficazmente en inglés puede resultar en una denegación de la solicitud.

Estrategia de evitación: Priorizar el dominio del idioma inglés es vital. La práctica regular de hablar, escuchar y comprender inglés es esencial para una entrevista exitosa. Participar en el inglés conversacional, ver los medios de comunicación en inglés y participar en programas de intercambio de idiomas puede contribuir a mejorar el dominio. La preparación del idioma debe ser continua, no solo limitada al período previo a la entrevista.

7. Falta de traer los documentos requeridos

Error: No traer todos los documentos requeridos a la entrevista, incluyendo la tarjeta verde, documentos de viaje, y cualquier evidencia adicional solicitada por USCIS, puede conducir a retrasos y complicaciones.

Estrategia de evitación: La organización es clave. Los solicitantes deben compilar todos los documentos requeridos con suficiente antelación a la entrevista y traerlos de manera organizada. Una lista de verificación puede ser útil para garantizar que se contabilicen todos los documentos necesarios. Ser proactivo en la recopilación y presentación de los documentos requeridos demuestra preparación y responsabilidad.

8. Asistencia no autorizada de los representantes

Error: Tener personas no autorizadas, como amigos o familiares, proporcionando asistencia durante la entrevista es un error común. Solo los representantes legales autorizados por USCIS deben acompañar a los solicitantes.

Estrategia de evitación: Los solicitantes deben asistir a la entrevista solos a menos que tengan un representante legal autorizado para acompañarlos. Los representantes no autorizados pueden llevar a complicaciones, y es crucial cumplir con las directrices de USCIS con respecto a quién puede estar presente durante la entrevista.

Además de evitar estos errores comunes, es importante que los solicitantes aborden la entrevista con una actitud positiva y respetuosa. Demostrar un entusiasmo genuino por convertirse en ciudadano estadounidense y expresar gratitud por la oportunidad puede dejar una impresión positiva en el entrevistador. Además, mantener un comportamiento profesional y adherirse a cualquier guía específica proporcionada por USCIS contribuye a una experiencia de entrevista fluida y exitosa.

Corrección de errores en la aplicación N-400

La solicitud N-400 sirve como un registro completo de la información personal del solicitante, historial de inmigración y elegibilidad para la ciudadanía estadounidense. La finalización exacta y veraz de la solicitud es primordial, ya que cualquier discrepancia o error puede afectar el resultado del proceso de naturalización. Reconocer la importancia de la precisión en la aplicación es el primer paso hacia un proceso de corrección exitoso.

Tipos de errores y errores comunes

Antes de profundizar en el proceso de corrección, es esencial identificar los tipos de errores que pueden ocurrir en la aplicación N-400. Los errores comunes pueden incluir:

1. **Errores tipográficos:** Errores simples como nombres mal escritos, fechas incorrectas o números transpuestos.

2. **Información incompleta:** No proporcionar toda la información requerida en las secciones designadas de la solicitud.

3. **Información obsoleta:** Cambios en circunstancias personales, direcciones u otros detalles que han ocurrido desde que se presentó la solicitud.

4. **Interpretación errónea de las preguntas:** Proporcionar respuestas que pueden ser interpretadas de manera diferente a lo previsto debido a un malentendido de la pregunta.

5. **Omisiones:** No incluir detalles o documentación relevantes según lo requerido por USCIS.

Guía paso a paso para corregir errores

La corrección de errores en la aplicación N-400 implica un enfoque sistemático para garantizar la precisión y la integridad. La siguiente guía paso a paso proporciona un marco estructurado para que los solicitantes naveguen el proceso de corrección de manera efectiva:

1. **Revise su aplicación a fondo:** Antes de iniciar cualquier corrección, revise cuidadosamente toda su aplicación N-400. Tome nota de cualquier área donde pueden existir errores o discrepancias, incluyendo errores tipográficos, información faltante o detalles desactualizados.

2. **Identifica la naturaleza de los errores:** Categoriza los errores en función de su naturaleza. Distinguir entre errores tipográficos, inexactitudes fácticas y áreas donde se requiere información o documentación adicional.

3. **Reúna documentos de apoyo:** Para inexactitudes u omisiones fácticas, reúna los documentos de apoyo que puedan ser necesarios para rectificar los errores. Esto puede incluir información actualizada de residencia, documentos legales o cualquier otro registro relevante.

4. **Descargue y complete el Formulario N-400, Parte 2:** Para corregir errores en su solicitud, deberá descargar y completar el Formulario N-400, Parte 2, oficialmente titulado "Solicitud de Naturalización". Este formulario está diseñado específicamente para abordar cambios o correcciones a su solicitud.

5. **Complete el formulario con precisión:** Al completar la Parte 2 del Formulario N-400, proporcione información precisa y actualizada. Indique claramente las secciones que requieren corrección y proporcione los detalles correctos. Sea minucioso y meticuloso en sus respuestas.

6. **Adjunte una carta de presentación:** Incluya una carta de presentación con su formulario corregido. La carta de presentación debe explicar concisamente la naturaleza de los errores, proporcionar la información correcta y expresar su compromiso de garantizar la precisión en su solicitud.

7. **Presentar documentos de apoyo:** Si sus correcciones requieren documentos justificativos, asegúrese de incluirlos junto con su formulario corregido y carta de presentación. Esto puede incluir pruebas de residencia actualizadas, documentos legales o cualquier otro registro relevante.

8. **Envíe las correcciones a USCIS:** Envíe por correo el Formulario N-400, Parte 2, corregido, junto con la carta de presentación y los documentos de apoyo, a la dirección apropiada de USCIS. Asegúrese de conservar una copia del formulario corregido, la carta de presentación y cualquier documento enviado para sus registros.

9. **Haga un seguimiento de su envío:** Después de enviar las correcciones, es recomendable hacer un seguimiento con USCIS para confirmar la recepción de sus materiales corregidos. Usted puede usar la herramienta en línea de estado de caso de USCIS o comunicarse con USCIS a través de los canales proporcionados para preguntar sobre el estado de su corrección.

10. **Esté preparado para solicitudes adicionales:** En algunos casos, USCIS puede solicitar información o documentación adicional para procesar sus correcciones. Esté preparado para responder con prontitud a cualquier solicitud de este tipo para evitar demoras en el proceso de naturalización.

Errores comunes y cómo corregirlos:

Para proporcionar una comprensión más práctica, vamos a explorar escenarios específicos de errores comunes y cómo los solicitantes pueden corregirlos de manera efectiva:

Escenario 1: Errores tipográficos

Error común: Nombres mal escritos, fechas incorrectas o números transpuestos.

Proceso de corrección:

- Descargue el Formulario N-400, Parte 2.
- Complete el formulario con la ortografía correcta o información numérica.
- Adjunte una carta de presentación que explique la naturaleza de los errores tipográficos y proporcione los detalles correctos.
- Envíe el formulario corregido y la carta de presentación a USCIS.

Escenario 2: Cambio de dirección

Error común: No actualizar un cambio de dirección desde la presentación de la solicitud.

Proceso de corrección:

- Descargue el Formulario N-400, Parte 2.
- Complete el formulario con la información de dirección actualizada.
- Adjunte una carta de presentación explicando el cambio de dirección y proporcionando los detalles correctos.
- Envíe el formulario corregido y la carta de presentación a USCIS.

Escenario 3: Interpretación errónea de las preguntas

Error común: Proporcionar respuestas que pueden ser interpretadas de manera diferente debido a un malentendido de la pregunta.

Proceso de corrección:

- Descargue el Formulario N-400, Parte 2.
- Revise las preguntas cuidadosamente y proporcione respuestas precisas.
- Adjunte una carta de presentación explicando cualquier área de posible malentendido y proporcionando respuestas aclaradas.
- Envíe el formulario corregido y la carta de presentación a USCIS.

Escenario 4: No incluir documentos relevantes

Error común: Omitir documentos requeridos, como pruebas de residencia actualizadas o registros legales.

GUÍA DE ESTUDIO DE CIUDADANÍA ESTADOUNIDENSE

Proceso de corrección:

- Descargue el Formulario N-400, Parte 2.
- Complete el formulario con la información correcta.
- Reúna los documentos omitidos e inclúyelos con el formulario corregido.
- Adjunte una carta de presentación explicando la omisión y proporcionando los detalles correctos.
- Envíe el formulario corregido, la carta de presentación y los documentos de apoyo a USCIS.

Escenario 5: Información anticuada

Error común: No actualizar la información personal, como el estado civil o los detalles de empleo.

Proceso de corrección:

- Descargue el Formulario N-400, Parte 2.
- Complete el formulario con la información actualizada.
- Adjunte una carta de presentación explicando los cambios y proporcionando los detalles correctos.
- Envíe el formulario corregido y la carta de presentación a USCIS.

Factores que pueden descalificar de la ciudadanía estadounidense

1. Condenas penales y carácter moral

Un requisito fundamental para la ciudadanía estadounidense es poseer un buen carácter moral. Las condenas penales, especialmente las que implican delitos graves, como delitos graves, pueden suscitar preocupaciones sobre el carácter moral del solicitante. Las personas con un historial de actividad criminal pueden encontrar su solicitud de naturalización denegada.

Estrategia de mitigación: Si un solicitante tiene un historial criminal, es crucial consultar con un abogado de inmigración para evaluar el impacto en su elegibilidad de naturalización. En algunos casos, la rehabilitación, la finalización de la libertad condicional o la libertad condicional, y la evidencia de un estilo de vida reformado se pueden presentar para demostrar una mejora en el carácter moral.

2. Falta de pago de impuestos

El cumplimiento de las leyes tributarias es un aspecto significativo de la elegibilidad para la ciudadanía estadounidense. La falta de presentación de declaraciones de impuestos o las obligaciones tributarias pendientes puede considerarse como una falta de responsabilidad financiera, lo que podría llevar a la descalificación.

Estrategia de mitigación: Abordar cualquier problema fiscal pendiente con prontitud. Pague los impuestos adeudados y trabaje con profesionales de impuestos para garantizar el cumplimiento de las leyes tributarias. Proporcionar evidencia de cumplimiento fiscal y rectificar cualquier discrepancia financiera puede contribuir a una evaluación positiva de la elegibilidad del solicitante.

3. Presencia ilegal y violaciones de inmigración

Acumular presencia ilegal en los EE.UU., exceder visas, o violar las leyes de inmigración puede ser motivo para denegar la naturalización. Mantener el estatus legal y cumplir con las regulaciones de inmigración son vitales para un viaje de naturalización exitoso.

Estrategia de mitigación: Busque asesoramiento legal si hay preocupaciones sobre el estatus migratorio o posibles violaciones. Aclarar cualquier problema de inmigración, obtener estatus legal y demostrar la adhesión a las leyes de inmigración de los Estados Unidos son pasos cruciales para mitigar el impacto de la presencia ilegal en la elegibilidad de naturalización.

4. Falta de registro para el servicio selectivo

Los solicitantes de sexo masculino de entre 18 y 25 años deben inscribirse en el Servicio Selectivo. La falta de registro puede resultar en la descalificación de la ciudadanía estadounidense.

Estrategia de mitigación: Asegurar el registro oportuno para el Servicio Selectivo antes de la edad de 26 años. Si un solicitante no se inscribe debido a una supervisión, debe registrarse rápidamente y proporcionar documentación de su estado de registro durante el proceso de naturalización.

5. Actividades fraudulentas y tergiversación

Proporcionar información falsa o engañosa durante el proceso de naturalización es un delito grave que puede conducir a la denegación de la ciudadanía estadounidense. Las actividades fraudulentas, incluida la tergiversación de los hechos, pueden tener graves consecuencias.

Estrategia de mitigación: La honestidad es primordial. Los solicitantes deben proporcionar información veraz y precisa durante todo el proceso de naturalización. Si hay preocupaciones acerca de falsas representaciones previas, consultar con un abogado de inmigración para abordar y rectificar estos problemas es esencial.

6. Preocupaciones de seguridad nacional

Participar en actividades que plantean preocupaciones de seguridad nacional puede llevar a la descalificación de la ciudadanía estadounidense. Esto incluye afiliaciones con organizaciones o acciones que puedan considerarse una amenaza para la seguridad nacional.

Estrategia de mitigación: Evitar la participación en actividades que puedan plantear problemas de seguridad nacional. Los solicitantes deben ser cautelosos con respecto a las afiliaciones y acciones que podrían percibirse como un peligro para la seguridad nacional y buscar asesoramiento legal si no están seguros de cualquier problema potencial.

7. Fallando el examen de inglés o civismo

Demostrar competencia en el idioma inglés y conocimiento de la educación cívica estadounidense es un requisito para la naturalización. Fallar cualquiera de estas pruebas durante la entrevista de naturalización puede conducir a la negación.

Estrategia de mitigación: Priorice la preparación integral para las pruebas de idioma inglés y cívico. Utilizar materiales de estudio proporcionados por USCIS, participar en la práctica del lenguaje y participar en programas de educación cívica para mejorar el dominio en estas áreas.

8. Residencia Continua y Presencia Física Requisitos

Los solicitantes deben cumplir con los requisitos específicos de residencia continua y presencia física para calificar para la ciudadanía estadounidense. El no mantener una residencia permanente en los EE.UU. durante el período requerido puede conducir a la descalificación.

Estrategia de mitigación: Planifique y documente los viajes cuidadosamente para garantizar el cumplimiento de los requisitos de residencia continua y presencia física. Mantener una residencia permanente en los EE.UU. y evitar ausencias prolongadas es esencial para cumplir con estos criterios.

9. Incumplimiento de los pagos de manutención de menores

Los pagos pendientes de manutención infantil pueden afectar la elegibilidad del solicitante para la ciudadanía estadounidense, lo que refleja su responsabilidad financiera y su carácter moral.

Estrategia de mitigación: Manténgase al día en los pagos de manutención de niños y aborde cualquier obligación pendiente. Demostrar la responsabilidad financiera y el cumplimiento de las obligaciones legales contribuye a una evaluación positiva de la elegibilidad del solicitante.

10. Inadmisibilidad relacionada con la salud

Ciertos problemas relacionados con la salud pueden hacer que una persona sea inadmisible para la ciudadanía estadounidense. Esto incluye las enfermedades transmisibles de importancia para la salud pública.

Estrategia de mitigación: Consulte con los profesionales de inmigración y atención médica para abordar las preocupaciones relacionadas con la salud. Proporcionar documentación médica, obtener las vacunas necesarias y abordar los problemas de salud de manera oportuna puede mitigar los problemas de inadmisibilidad relacionados con la salud.

Navegar por el proceso de naturalización requiere una comprensión integral de los factores potenciales que pueden descalificar a una persona de la ciudadanía estadounidense. Al ser conscientes de estos factores e implementar estrategias de mitigación, los solicitantes pueden abordar de manera proactiva sus preocupaciones y aumentar sus posibilidades de un viaje de naturalización exitoso.

Gracias inmensamente por llegar a este punto.

Estimado lector,

Nuestro equipo ha invertido tiempo y esfuerzos significativos en la elaboración de este libro, con el objetivo de entregar un trabajo de calidad y conocimiento.

Una reseña suya no solo sería increíblemente apreciada, sino también instrumental para ayudarnos a compartir nuestro material con un público más amplio.

¡Estamos profundamente agradecidos por su apoyo y sinceramente gracias por cualquier comentario que elija proporcionar!

Conclusión y Recursos Adicionales

Pensamientos finales y aliento

A medida que llegamos a la conclusión de esta Guía de Estudio de Ciudadanía de los Estados Unidos, es importante reflexionar sobre el viaje que se avecina para aquellos que buscan convertirse en ciudadanos orgullosos de los Estados Unidos. El camino hacia la ciudadanía no es simplemente un proceso burocrático; es un camino transformador que encarna los valores de dedicación, perseverancia y compromiso con los principios sobre los que se fundó esta gran nación.

Reflexiones finales sobre el Viaje a la Ciudadanía

Convertirse en ciudadano estadounidense es un hito significativo en las vidas de personas de diversos orígenes y ámbitos de vida. Representa no solo un estatus legal, sino también una profunda conexión con los ideales de democracia, libertad y oportunidad que definen la experiencia estadounidense. Al embarcarse en este viaje, recuerde que la ciudadanía es más que un título; es un privilegio y una responsabilidad que viene con derechos y deberes.

A lo largo de esta guía de estudio, hemos explorado varios aspectos del proceso de naturalización, desde los requisitos de elegibilidad hasta las estrategias de preparación de pruebas hasta los escollos comunes a evitar. Hemos proporcionado información detallada, consejos prácticos y recursos valiosos para apoyarlo en su camino hacia la ciudadanía. Sin embargo, más allá de los tecnicismos del proceso de naturalización, es esencial reconocer el significado más profundo de la ciudadanía y los valores que representa.

Estímulo para el viaje por delante

A medida que navegas por el proceso de naturalización, recuerda que no estás solo. Innumerables inmigrantes que vinieron antes que ustedes se embarcaron en este viaje y lograron la ciudadanía estadounidense, contribuyendo con sus diversos talentos, culturas y perspectivas para enriquecer a la sociedad estadounidense. Inspirarse en sus historias de resiliencia, determinación y triunfo sobre la adversidad.

Aproveche la oportunidad de aprender sobre la historia, los valores y las instituciones de los Estados Unidos. Interactúe con las comunidades que lo rodean, participe en actividades cívicas y contribuya al mejoramiento de la sociedad. La ciudadanía no es solo un estatuto jurídico; es un compromiso de participación activa en el proceso democrático, de defensa del estado de derecho y de promoción del bien común.

Manténgase resiliente ante los desafíos y contratiempos. El proceso de naturalización puede presentar obstáculos e incertidumbres, pero la perseverancia y la determinación lo llevarán a través. Busque apoyo de familiares, amigos y organizaciones comunitarias. Utilice los recursos y la asistencia disponibles para usted, incluyendo servicios legales, programas educativos y talleres de ciudadanía.

Aborde la entrevista de naturalización con confianza, preparación y respeto. Recuerda escuchar atentamente, responder con cuidado y presentarte con profesionalismo y cortesía. Demostrar su compromiso de convertirse en un ciudadano informado y comprometido que valora los derechos y responsabilidades de la ciudadanía.

Sobre todo, aprecia el privilegio de convertirse en ciudadano de los Estados Unidos. Reconoce las oportunidades que te brinda la ciudadanía: El derecho a votar, la capacidad de viajar libremente, la oportunidad de perseguir tus sueños y la garantía de protección bajo la ley. Pero también, asumir las responsabilidades que conlleva la ciudadanía: El deber de defender la Constitución, respetar los derechos de los demás y contribuir positivamente a la sociedad.

Al embarcarse en este viaje hacia la ciudadanía estadounidense, recuerde que es parte de un vibrante y diverso tapiz de personas que comparten una aspiración común de un futuro mejor. Su viaje refleja el espíritu perdurable de Estados Unidos: Una nación construida por inmigrantes, fortalecida por la diversidad y unida por un compromiso compartido con la libertad y la justicia para todos.

Para concluir, expresamos nuestros mejores deseos a todos los aspirantes a ciudadanos mientras emprenden este viaje transformador. Que su camino hacia la ciudadanía esté lleno de esperanza, coraje y éxito. Abrazar los valores de la democracia, la libertad y la igualdad que definen la identidad estadounidense. Y que su viaje a la ciudadanía sea un testimonio de la promesa duradera de Estados Unidos: Una tierra de oportunidades, un faro de libertad y un hogar para todos los que buscan una vida mejor.

Referencias y Créditos

1. Explicaciones de procedimientos y plazos

Las explicaciones sobre los procedimientos de examen y los plazos reproducen fielmente lo que se informa al respecto en el sitio web oficial de USCIS.

https://www.uscis.gov/

2. Escribir una lista de vocabulario

La imagen de la Lista de Vocabulario de Escritura es del sitio web oficial de USCIS

https://www.uscis.gov/sites/default/files/document/guides/writing_vocab.pdf

3. Lectura de la lista de vocabulario

La imagen de la lista de vocabulario de lectura es del sitio web oficial de USCIS

https://www.uscis.gov/sites/default/files/document/guides/reading_vocab.pdf

4. Preguntas de prueba cívica

Todas las 100 preguntas de la prueba cívica fueron tomadas del sitio web oficial de USCIS

https://www.uscis.gov/sites/default/files/document/questions-and-answers/100q.pdf

Made in United States
Orlando, FL
04 February 2025

58157981R00063